사랑의 지혜

프란치스코 교황이 들려주는
우리 가족 행복 솔루션

POPE FRANCIS
Wisdom on Love PRACTICAL ADVICE FOR FAMILIES
© 2017, United States Conference of Catholic Bishops, Washington D. C.
All rights reserved.
Quotes from Pope Francis, © Libreria Editrice Vaticana, Folloing by © Pope Francis.
All rights reserved. Used with permission.

Korean translation copyright © 2019 by Bible & Life Publications.
This Korean edition is translated and published with permission from Libreria Editrice Vaticana & United
States Conference of Catholic Bishops, Washington D. C.

이 책의 한국어판 저작권은 *Libreria Editrice Vaticana* 및 *United States Conference of Catholic Bishops*와 독점 계약한 생활성서사에 있습니다. 저작권법에 의해 한국 내에서 보호받는 저작물이므로 무단 전재와 무단 복제를 금합니다.

사랑의 지혜
프란치스코 교황이 들려주는 우리 가족 행복 솔루션

교회 인가 | 2019년 6월 25일
1판 1쇄 | 2019년 9월 20일
1판 1쇄 | 2022년 3월 7일

글쓴이 | 프란치스코 교황
엮은이 | 미국천주교주교회의
옮긴이 | 박영호
펴낸이 | 윤혜정
펴낸곳 | 생활성서사
편집인 | 김명자 **디자인 자문** | 이창우, 최종태, 황순선
편집 | 안광혁, 송향숙
제작 | 조상순 **마케팅** | 최선주 **온라인 홍보** | 박수연
등 록 | 제78호(1983. 4. 13.)
주 소 | 서울특별시 강북구 덕릉로 42길 57-4
편 집 | 02)945-5984
영 업 | 02)945-5987
팩 스 | 02)945-5988
온라인 | 신한은행 980-03-000121 (재)까리따스수녀회 생활성서사
인터넷 서점 | **www.biblelife.co.kr**
가톨릭 교회의 모든 도서는 '생활성서사' 가톨릭 인터넷 서점에서 만나실 수 있습니다.

ISBN 978-89-8481-555-1 03230
책값은 뒤표지에 있습니다.

한국어판 ⓒ 생활성서사, 2019
성경·교회 문헌 ⓒ 한국천주교중앙협의회

이 도서의 국립중앙도서관 출판예정도서목록(CIP)은 서지정보유통지원시스템 홈페이지(http://seoji.nl.go.kr)와 국가자료공동목록시스템(http://www.nl.go.kr/kolisnet)에서 이용하실 수 있습니다. (CIP제어번호 : CIP2019032390)

프란치스코 교황이 들려주는
우리 가족 행복 솔루션

사랑의 지혜

글쓴이 **프란치스코 교황**
엮은이 **미국천주교주교회의**
옮긴이 **박영호**

목차

들어가는 말 6

서툴러도 사랑이다 12 ♥

대화 | 내 가족이 어려울 때 | 좋은 모범 | 노인의 기도 | 사랑의 여정 | 귀 기울임 | 아버지의 시간 | 가족 기도 시간 | 식사를 함께하는 것 | 가정을 통해 오신 분 | 태어나기 전부터 받은 사랑 | 요셉 성인 | 일대일로 만남 | 형제자매 간의 우애 | 조부모와 손주 | 자녀를 위한 스크랩북 | 자녀의 꿈 | 아기에게 젖 먹이는 일 | 주님과 함께 걷는 법 | 기도의 순간 | 기다려 주는 아버지 | 가난한 이들을 위한 자리 | 부드럽지만 확고하게 | 다 함께 모인 때

쓰담쓰담 우리 가족 42 ♥

아이와의 시간 | 나자렛 성가정처럼 | 묵주 기도 | 노인의 지혜 | 부모와 대부모 | 개인주의의 해독제 | 함께함의 행복 | 가정의 사도 | 꿈을 가꾸는 일 | 그리스도를 초대함 | 함께 자람 | 위안의 원천 | 우애의 손길 | 형제자매를 위한 기도 | 용기를 내어 한 걸음 | 고통받는 자녀를 둔 부모 | 화살 기도 | 예수님과 성모님에게 입맞춤 | 가장 어두운 시간 | 교황님의 실수 | 가정의 지지자 | 사랑으로 가득한 삶 | 서툴러도 사랑이다 | 우리 미래가 달려 있는 곳 | 가정에서 태어나신 예수님 | 함께 산다는 것의 의미 | 혼인의 아름다움 | 혼인 교리 | 저녁 식탁에서 | 헤어진 부모들

가슴으로 전하는 사랑법 78 ❤

가정의 영웅 | 그저 아이라는 이유로 | 참으로 아름다운 길 | 가장 중요한 선생님 | 불가능은 없다 | 하루의 끝 | 어머니의 희생 | 끈기 있는 노력 | 자녀와 친구지만 동년배는 아니다 | 정기적 가족 식사 | 가슴으로 전하는 사랑법 | 자주 해야 하는 말 | 생명의 잉태 | 마르지 않는 힘의 원천 | 시류에 빠지지 마라 | 함께 오를 사다리 | 매일 축복하라 | 함께 기도하는 가정 | 대화를 위한 시간 | 서툴지만 가족 | 가정과 미사 | 하루 한 번 안부 문자 | 사랑의 안부 | 가족애의 영성 | 친교의 최고봉 | 요셉 성인과 함께

사랑하는 가족, 지혜로운 가족 110 ❤

가족 나들이 | 어머니에게 귀 기울이기 | 일상 안에서의 주님 자리 | 있는 그대로의 모습 보기 | 많은 것을 내어 주신 어르신들 | 아이들이 던진 물음 | 가정에서 시작된다 | 지혜로운 가족 | 진짜 문제는 싸움이 아니다 | 조부모님 찾아뵙기 | 누구나 성인이 될 수 있다 | 그저 들어주길 바랄 뿐 | 성수 | 어머니의 희생 | 은총 | 모든 세대가 하나 됨 | 가장 소중한 것 | 용서받았음을 기억하라 | 영혼의 양식 | 함께 기뻐하는 시간 | 각자의 소명

한 줌 사랑으로 일으키는 기적 136 ❤

가장 가까운 곳부터 | 존재 자체가 선물 | 교황님을 위한 기도 | 아름다운 순간들 | 신앙은 사유 재산이 아니다 | 삶을 나누는 법 | 함께 놀기 | 신앙의 기쁨 | 일어나 행동할 때 | 하느님의 법 | 이타적인 마음 | 하느님의 부성과 모성 | 아이와 함께하는 아버지 | 우선순위 | 한 줌 사랑으로 일으키는 기적 | 거룩함의 신비 | 험담하지 않기 | 참기쁨의 바탕 | 좀 피곤하더라도 | 특권을 맡김 | 자신을 용서함 | 용서의 정신 | 성모님께 청하십시오 | 참을성 있는 사랑

인용 출처 166

들어가는 말

 프란치스코 교황님은 오랜 사목 활동에서 얻은 지혜 가득한 강론과 설교 그리고 유머와 일화로 가정생활에 도움이 되는 실용적인 방법들을 알려 주시면서 우리의 '가정'이 사랑으로 가득할 수 있도록 이끌어 주십니다. 사실 가정의 아름다움은 완전한 사랑의 친교이신 삼위일체의 하느님으로부터 시작됩니다.

 세상 창조 전, 하느님은 사랑 안에 계셨습니다. 하느님은 사랑이시기 때문입니다. 하느님 자신의 사랑, 아버지 하느님과 그분 아드님의 사랑, 성령 안에서의 사랑은 너무나 커서 넘쳐흘렀습니다. … 하느님은 사랑하기 위해 당신 자신으로부터 나오셔야 했습니다. 그래서 그분은 세상을 창조하셨습니다. … 성경이 말하듯이, 하느님께서 만드신 것들 중에서 가장 아름다운 것은 바로 '가정'입니다. 그분은 남자와 여자를 창조하셨고, 그들에게 온 세상 모든 것을 다 주시며 맡기셨습니다. "자식을 많이 낳고 번성하여 땅을 가득 채우고 지배하여라."(창세 1,28). 하느님은 당신이 피조물에 쏟으신 모든 사랑을 바로 우리 가정에 온전히 맡기셨습니다. (프란치스코 교황님 말씀. 미국 필라델피아에서 열린 '세계 가정 대회 전야 기도회'에서)

교황님은 예수님께서 전해 주신 사랑의 메시지를 오늘날의 가정에 맞게 안내해 주십니다. 가정이라는 가장 친밀하고 사랑스러운 관계에서 사랑을 배워, 이웃, 학교, 직장, 동아리 그리고 우리나라와 온 세상의 모든 형제자매들과 그 사랑을 함께 나누자고 하십니다.

하지만 우리는 가정생활 중에 종종 사랑과 친절을 잃

어버리고 화내며 서로의 관계를 엉망으로 만들고, '서로 사랑하라.'라는 그분 말씀을 어기기도 합니다. 가족의 마음을 상하게 하고, 오해로 관계가 단절되기도 합니다. 하지만 그럴 때에도 하느님의 원래 계획과 사랑의 열정은 변치 않습니다. 하느님은 우리 모두 변함없이 서로 친절하게 사랑을 주고받기를 간절히 바라십니다. 비록 그 사랑이 불완전하더라도 말입니다.

비록 우리의 삶이 총체적 난국처럼 느껴질 때가 있더라도, 가정은 여전히 우리가 세상을 변화시킬 수 있는 최초이자 최적의 장소입니다. 우리가 가족의 기쁨을 함께 나눈다면 그 기쁨은 한층 더 커질 것입니다. 가슴 벅찬 감동의 순간은 물론 인간적인 한계가 드러날 때에도, 가족을 사랑함으로써 그들에 대한 하느님의 섭리가 이루어지고, 또한 우리가 원하는 가족의 모습이 아니라 하느님께서 창조하신 그들의 원래 모습대로 살아갈 수 있도록 도울 수 있습니다.

이 책에는 자녀, 손주, 부모, 조부모 등 인생의 여러 단계와 상황을 살아가는 가족 구성원에 대한 프란치스코 교황님의 실제적인 조언이 담겨 있습니다. 세상 어디에도 완벽한 가정은 없습니다. 그러나 이 책에서 소개하는 가정을 위한 '사랑의 지혜'를 하루에 한 가지씩 서로 나눈다면, 우리 가정의 과거와 현재 그리고 미래를 위해 가족의 구성원이 함께하는 대화를 시작하는 데에 큰 도움이 될 것입니다.

예수님은 가정에서 태어나셨습니다.
물론 그분은 전사나 황제로 화려하게 오실 수도 있었지요.
하지만, 결코 그렇게 하지 않으셨습니다.
그분은 평범한 가정에서
가족의 한 사람으로 태어나셨습니다.

- 바티칸 성 베드로 광장의 일반 알현(2014년 12월 17일).

서툴러도
사랑이다

혼인 생활에는 급행이 있을 수 없습니다.
서로 공들여 사랑을 나눠야 하고,
함께 사랑의 여정을 걸어가야 합니다.
남녀 간의 사랑의 계약은 함께 배우고
성숙시켜 나가야 하는 것입니다.

대화

만약 가족 중 한 사람이 당신의 마음을 아프게 하거나 불쾌하게 하면, 화해하기 위해 노력해 보세요. 차를 한 잔 하거나 저녁 식사를 하면서 이야기를 나눠 보자고 청해 보세요. 서로의 공감대를 넓히고 친밀감을 다시 느낄 수 있도록 노력한다면 화해는 더 쉬워질 거예요.

 교황님은 이렇게 말씀하셨어요.

"대화는 서로의 관계를 더 인간적으로 만들어 주고 오해를 극복하도록 도와줍니다. 대화는 가정에서 대단히 중요합니다. 실제로 우리가 서로에게 귀 기울이는 법을 배운다면 모든 문제가 얼마나 더 쉽게 풀리겠습니까! 이것은 남편과 아내, 부모와 자녀들 간의 관계에서도 마찬가지입니다."

내 가족이 어려울 때

감당해야 할 일들이 너무 많아 힘들 때에는 주님을 부르세요. 주님께서는 당신이 이 모든 힘든 일들을 극복하도록 도와주실 거예요.

 교황님은 이렇게 말씀하셨어요.

"하느님은 결코 우리를 버려두지 않으십니다. 우리가 필요할 때마다 그분의 천사가 와서 우리를 다시 부축하고 위로해 줄 것입니다. 천사는 때때로 인간의 얼굴과 마음을 갖고 다가옵니다. 하느님의 거룩한 이들은 항상, 여기 우리 곁에 숨어 있고는 합니다. 이해하기 어렵고 상상하기도 힘들지만, 천사는 우리의 일상 속에 존재합니다."

좋은 모범

반려자와 함께 기도를 하면 자녀에게 좋은 모범이 됩니다. 어릴 적부터 자녀에게 소소한 일상의 기도들을 가르쳐 주세요. 십자 성호를 긋는 것부터 시작해 보세요!

 교황님은 이렇게 말씀하셨어요.

"기도가 자신의 부모에게 참으로 중요하다는 것을 자녀가 구체적으로 알도록 하는 것이 중요합니다."

"어머니와 아버지가 자녀에게 십자 성호를 긋는 것부터 시작해서 기도하는 법을 가르쳐 주십시오. 이것은 부모의 가장 아름다운 소명 가운데 하나입니다."

노인의 기도

조부모는 자신들 나름대로의 언어와 방식으로 자녀와 교회, 세상을 위해 기도할 수 있습니다. 이는 하늘에 보화를 쌓는 일이에요. 연로한 부모나 조부모를 둔 자녀는, 그분들 곁에 머물도록 노력해 보세요. 그분들과 함께 시간을 보내고 그분들의 말에 귀 기울인다면, 그분들로부터 많은 것을 배울 수 있어요.

 교황님은 이렇게 말씀하셨어요.

"우리 모두 기도의 시인이 되도록 합시다. 자기 자신의 언어로 기도를 바치는 법을 배웁시다. 조부모들, 노인들의 기도는 교회를 위한 큰 선물입니다. 그것은 보화입니다."

"우리는 지극한 감사와 환대의 총체적 의미를 다시 일깨워야 합니다. 이는 노인들로 하여금 공동체의 일원이라는 느낌을 갖게 합니다."

사랑의 여정

두 사람의 사랑의 여정은 오직 자신들만의 고유한 것입니다. 함께 성숙해 나갈 수 있도록 인내심을 갖고, 자신들을 다른 사람들과 비교하지 마세요.

 교황님은 이렇게 말씀하셨어요.

"생명을 위한 계약이기도 한 남녀 간의 사랑의 계약은 즉흥적으로 맺어질 수 없습니다. 하루아침에 맺어지는 것도 아닙니다. 혼인 생활에는 급행이 있을 수 없습니다. 서로 공들여 사랑을 나눠야 하고, 함께 사랑의 여정을 걸어가야 합니다. 남녀 간의 사랑의 계약은 함께 배우고 성숙시켜 나가야 하는 것입니다."

귀 기울임

가족 중 누군가가 당신과 다른 의견을 갖고 있을 때, 먼저 그가 느끼는 좌절감과 걱정에 귀를 기울여 보세요. 당신의 의견을 먼저 말하기보다 인내심을 갖고 상대방의 이야기를 들어 보세요. 그의 기분과 느낌에 공감하기 위해 노력해 보세요.

 교황님은 이렇게 말씀하셨어요.

"대화는 분열과 오해의 장벽을 무너뜨립니다. 대화는 소통의 다리를 세워 주고, 서로의 소외감을 걷어 내며, 자기만의 편협한 세상에 갇히지 않도록 해 줍니다. 대화는 상대방이 내게 말하는 것을 듣고, 내가 생각하는 것을 '친절하게' 이야기하는 것임을 잊지 말아야 합니다. 이런 방식으로 대화를 나눈다면, 가정, 이웃, 직장은 훨씬 더 지내기 좋을 것입니다."

아버지의 시간

아버지는 지금 이 순간 조용히 기도를 바쳐 보세요. 사랑이 가득한 아버지가 되도록 하느님의 도움을 청해 보세요. 당신의 기도에 하느님께서는 기꺼이 응답을 해 주신답니다. 그리고 아내와 자녀를 위한 시간을 마련해 보세요. 하루 종일, 아니면 단 몇 시간이라도 가족이 함께 지낼 시간을 마련해 보세요.

 교황님은 이렇게 말씀하셨어요.

"모든 가정은 아버지를 필요로 합니다."
"아버지들은 종종 자기 자신, 일과 경력에만 너무 치우쳐서 가족을 아예 잊어버리곤 합니다."

가족 기도 시간

부모는 매일 온 가족이 함께 기도를 바치는 특별한 시간을 마련해 보세요.

 교황님은 이렇게 말씀하셨어요.

"우리는 날마다 잠시 시간을 내어 살아 계신 주님 앞에 함께 모여 그분께 우리의 근심거리를 말씀드리고, 우리 가정이 필요로 하는 것을 간청하며, 어려움을 겪고 있는 누군가를 위하여 기도하고, 우리가 사랑할 수 있도록 하느님께 도움을 청하며 하느님께 삶과 좋은 것들에 대하여 감사드리고, 동정 마리아님께서 자애로운 당신의 망토 안에 우리를 품어 주시기를 간청할 수 있습니다."

식사를 함께하는 것

함께 음식을 나눠 보세요! 너무나 간단한 일이에요!

 교황님은 이렇게 말씀하셨어요.

"식사를 함께하는 것, 그럼으로써 음식만이 아니라 사랑을 나누고, 하루 일과와 이야기들을 나누는 것은 소중한 공동의 경험입니다. 축하할 일이 있거나 생일이나 기념일을 맞으면 가족은 함께 식탁에 모입니다. 어떤 문화권에서는 가족이나 친지가 세상을 떠났을 때, 상실의 아픔을 겪는 이들을 위로하기 위해서 식탁에 모이기도 합니다. 식탁의 분위기는 가족 관계가 얼마나 건강한지를 판단하는 확실한 지표입니다. 만약 어떤 가정에 문제가 있거나 숨겨진 상처가 있다면, 식탁에서 즉시 드러납니다."

다른 사람들이 당신이 처한 상황과 조건을 어떻게 생각하든지 간에, 하느님께 신앙을 고백하고 당신과 당신 가족을 위해 하느님께서 마련하신 위대한 계획에 감사하는 기도를 바쳐 보세요.

 교황님은 이렇게 말씀하셨어요.

"하느님은 당신이 직접 창조하신 인간의 가정을 통해서 세상에 오셨습니다. 그 가정은 로마 제국의 변두리, 멀리 떨어진 마을에 있었습니다. 제국의 수도였던 로마가 아니라, 큰 도시가 아니라, 거의 눈에 띄지도 않는 변두리, 잘 알려지지도 않은 곳이었습니다."

태어나기 전부터 받은 사랑

어머니는 자녀에게 그들을 임신한 것이 얼마나 행복했었는지 말해 주세요. 그것은 모두에게 축복받은 순간이었습니다.

 교황님은 이렇게 말씀하셨어요.

"아기가 태어날 날을 기다리면서 제게 축복을 청하는 어머니들을 바티칸 광장에서 자주 만납니다. 이 아이들은 태어나기 전부터 사랑을 받았습니다. 아무 대가 없이 주어지는 이것은 바로 사랑입니다. 항상 먼저 우리에게 다가오신 하느님의 사랑처럼 이 아기들은 태어나기 전부터 사랑받았습니다. 그들은 사랑받아 마땅한 공적을 쌓기도 전에, 말하고 생각하는 법을 배우기도 전에, 심지어 세상에 오기도 전에 사랑을 받았습니다."

요셉 성인

아버지는 가정의 사랑과 안전을 위해서 요셉 성인에게 매일 도움을 청해 보세요.

 교황님은 이렇게 말씀하셨어요.

"마리아가 임신했음을 알게 됐을 때, 요셉 성인은 파혼의 유혹을 받았습니다. 하지만 주님의 천사가 그에게 하느님의 계획을 알려 주고 양아버지로서의 사명을 전해 주었습니다. 그리고 의로운 사람이었던 요셉은 마리아를 '아내로 맞아들였고'(마태 1,24 참조), 나자렛 성가정의 아버지가 되었습니다. 모든 가정은 아버지가 필요합니다."

일대일로 만남

자녀가 여럿인 부모라면 자녀와 각각 일대일로 만나는 시간을 가져 보세요. 단 30분만이라도 자녀에게는 충분한 시간일 수 있습니다. 그리고 그들에게 가정 안에서라면 결코 외롭지 않을 것이라고 말해 주세요.

 교황님은 이렇게 말씀하셨어요.

"자녀는 은총의 선물입니다. 그들은 각각 특별하고 소중해서 어떤 것으로도 대신할 수 없습니다."

"가정을 이루는 일은 누구도 외로움을 느끼지 않는 세상을 세우시려는 하느님의 사업에 동참하는 일입니다. 그것은 곧 하느님의 꿈입니다."

형제자매 간의 우애

출산을 계획할 때 부모는 자녀가 형제자매와의 우애를 경험하는 것이 얼마나 즐거운 것인지를 충분히 고려해 보세요. 입양이나 위탁 가족이 주는 기쁨도 함께 생각해 보세요. 주님의 선물인 자녀를 아껴 주세요. 만약 주님께서 여러분의 마음속에 호소하신다면, 아이를 입양하는 것에 대해서도 생각해 보고 기도해 보세요.

 교황님은 이렇게 말씀하셨어요.

"비난이나 두려움 때문에 여러분의 아들딸들에게서 형제자매 간의 풍요롭고 아름다운 우애의 경험을 빼앗는 것은 참으로 지각없는 행동입니다."

"참된 약속은 사랑입니다. 세상 속으로 들어온 한 인간 존재를 환영하는 가장 좋은 방법은 바로 사랑입니다."

조부모와 손주

조부모는 손주에게 자신이 그들을 위해서 기도하고 있다는 것을 말해 주세요. 손자와 손녀는 조부모의 축복이 필요하니까요. 자녀는 어머니와 할머니에게 안부를 묻는 손 편지를 보내 보세요. 그 편지는 그분들의 하루를 환하게 밝혀 줄 것입니다.

 교황님은 이렇게 말씀하셨어요.

"우리는 젊은 세대가 기대하는 바를 이해하고 대변해 줄 수 있으며, 과거 세대의 기억과 희생이 지닌 품위를 높여 줄 수 있습니다."

"어머니가 없는 사회는 비인간화된 사회입니다. 왜냐하면, 어머니는 최악의 순간에서도 항상 친절과 헌신, 도덕적 힘의 증인이기 때문입니다."

자녀를 위한 스크랩북

부모는 자녀에 대한 스크랩북이나 일기를 만들어 간직해 보세요. 자녀가 성장해서 아이를 키우게 되었을 때, 어린 시절에 대해 감사하는 마음을 갖게 될 것입니다.

 교황님은 이렇게 말씀하셨어요.

"어린이들은 생기, 활력, 희망을 가져다주지만 때로는 골칫거리가 되기도 합니다. 하지만 삶이 원래 그렇습니다. 분명히 이들로 인해 걱정거리가 생기거나 때로는 많은 문제를 떠안게 되기도 합니다. 하지만 자녀가 없어서 슬프고 우중충한 사회보다는, 이런 걱정거리와 문제들을 안고 있는 사회가 훨씬 더 좋습니다!"

자녀의 꿈

자녀에게 그들의 꿈이 이루어지지 않을 것이라고 말하지 마세요. 그들의 기를 꺾지 말고 지지해 주세요! 그들의 마음속에 간직된 꿈은 어쩌면 하느님께로부터 온 것일 수 있으니까요!

 교황님은 이렇게 말씀하셨어요.

"가정 교육의 긍지와 가치를 재발견할 수 있다면, 확신이 없는 부모나 실의에 빠져 있는 자녀 모두에게 많은 것이 더 좋아질 것입니다. 자녀 양육을 회피하고자 했던 부모들이 그런 태도를 버리고 가정 교육이라는 자신들의 역할을 온전히 새로 시작해야 할 때입니다. 주님께서는 모든 부모에게 이 은총을 주시고자 하십니다. 자녀 교육의 소명을 피해 달아나지 마십시오. 그리고 이 소명은 오직 사랑, 친절 그리고 인내로써만 이뤄질 수 있습니다."

아기에게 젖먹이는 일

어머니는 아기가 필요할 때 젖을 먹이는 것을 부끄러워하지 마세요. 배고픈 아기에게 젖을 먹이는 것은 자비의 행위랍니다! 프란치스코 교황님이 28명의 새로 태어난 아기에게 세례성사를 줄 때, 몇몇 아기들이 울기 시작했습니다. 교황님은 잠시 뒤 강론에서 이렇게 말씀하셨습니다.

 교황님은 이렇게 말씀하셨어요.

"예식이 조금 길어졌기 때문에 몇몇 아기들이 배가 고파 울었습니다. 그럴 경우에, 어머니들은 평소대로 전혀 거리낌 없이 아기에게 젖을 먹이면 됩니다. 성모님께서도 예수님께 그렇게 젖을 물리셨습니다."

주님과 함께 걷는 법

부모는 자녀가 자기 삶에 예수님을 받아들이도록 가르쳐 주세요. 그들이 어떤 결정을 할 때, 주님의 뜻이 무엇인지 물어보도록 가르쳐 주세요. 그리고 가르친 바를 부모도 똑같이 실천하세요. 부모로서 당신이 직접 자녀의 안내자 역할을 하는 것은 잠시지만, 그들이 주님과 함께 걷는 법을 배우도록 가르치면 그 동행은 평생토록 이어질 테니까요.

 교황님은 이렇게 말씀하셨어요.

"우리 가정에 예수님이 오시도록 자리를 마련하는 것, 예수님을 환대하는 것은 가정의 위대한 소명입니다."

기도의 순간

단 몇 분 동안이라도, 가족과 함께 기도하세요. 주일 미사 후에는 가족 모두가 평화와 행복을 느끼며 집으로 돌아올 수 있도록 노력해 보세요. 특별히 주일에는 가족이 함께하는 시간을 가장 중요한 일정이라 생각하고 시간을 보내 보세요.

 교황님은 이렇게 말씀하셨어요.

"소박한 말로 드리는 이러한 기도의 시간은 우리 가정에 커다란 유익이 될 수 있습니다."

"함께 기도하는 길은 특히 주일 성찬례에 함께 참여하는 것으로 그 절정을 이루게 됩니다. 예수님께서는 가정의 문을 두드리시어 성찬의 만찬을 가정과 함께 나누고자 하십니다(묵시 3,20 참조)."

아버지는 스스로에게 온화하고 자신의 실수를 용서하세요. 당신의 자녀는 당신을 필요로 하며 당신을 사랑하니까요.

 교황님은 이렇게 말씀하셨어요.

"하늘에 계신 아버지로부터 오는 은총이 없으면, 아버지들은 용기를 잃고 자기 자리를 떠날 것입니다. 하지만 자녀들은 실패를 겪고 집으로 돌아올 때 자기를 기다려 주는 아버지가 필요합니다. 자녀들이 이 사실을 쉽게 인정하거나 드러내 보이지 않는다고 해도, 분명히 그들에게 필요한 일입니다."

가난한 이들을 위한 자리

가정의 행복, 그 비결이 궁금한가요? 가난한 이들에게 나의 것을 내어 주세요. 축복을 받을 것입니다! 이웃을 존중해 주세요. 그들은 하느님의 모상대로 창조되었으니까요.

 교황님은 이렇게 말씀하셨어요.

"열린 마음으로 연대를 맺는 가정들은 가난한 이들을 위한 자리를 마련하고 자신들보다 더 어려운 이들과 친교를 쌓습니다."

"사랑은 우리의 눈을 열어 주어 우리가 모든 것을 뛰어넘어 한 인간이 얼마나 큰 가치를 지녔는지를 볼 수 있게 해 줍니다."

부모는 자녀에게 인내심을 갖되 확고한 태도를 잃지는 마세요. 부드러운 목소리로 자녀와 이야기하세요.

 교황님은 이렇게 말씀하셨어요.

"이것은 예수님의 방법이기도 하지만 또한 그리스도의 제자들이 복음을 선포하는 방식이기도 합니다. 부드럽고 온화하게, 하지만 확고하게 복음을 선포하십시오. 소리를 지르거나 누군가를 비난해서도 안 됩니다. 오만이나 강요 없이 부드러우면서도 확고하게 복음을 선포해야 합니다."

다 함께 모인 때

가족이 다 함께 모인 때가 언제였나요? 다시 한번 그런 자리를 마련해 보세요. 자녀는 조부모, 고모와 삼촌, 대부모, 그 외의 다른 어른들께 어린 시절에 대한 이야기를 들려 달라고 부탁드려 보세요.

 교황님은 이렇게 말씀하셨어요.

"잔치를 열어 잠시 일상에서 벗어나는 것이 좋습니다. 곧 가족이 함께 잔치를 열 수 있는 활력을 잃지 않도록 해야 합니다."

"지혜, 특별히 노인들의 지혜를 존중할 줄 알 때, 인류 문명은 더욱 발전할 것입니다."

쓰담쓰담 우리 가족

가족을 사랑하세요.
그리고 하느님께서 당신이
평생 함께하도록 해 주신 그들과
하나가 되어 살아가세요.
가정을 위해 시간과 노력을 투자하세요!

아이와의 시간

아버지는 자녀와 함께하는 즐거운 시간을 가져 보세요. 산책이나 하이킹, 공놀이나 보드 게임, 또는 다른 소박한 모험들을 자녀와 함께해 보세요.

 교황님은 이렇게 말씀하셨어요.

"부에노스아이레스의 주교로 있을 때, 저는 어린이들이 오늘날과 마찬가지로 고아와 같은 처지에 있는 것처럼 느꼈습니다. 그래서 저는 종종 아버지들에게 자녀와 함께 놀아 주는지, 아이들과 시간을 보낼 용기와 사랑을 갖고 있는지 물어보곤 했습니다."

나자렛 성가정처럼

당신의 가정에는 얼마나 많은 물건들이 쌓여 있는지 정기적으로 확인해 보세요. 당신이 할 수 있는 만큼 갖고 있는 것을 필요한 곳에 기증하고, 가진 것을 다른 이들과 나눠 보세요. 소박한 삶을 누려 보세요.

 교황님은 이렇게 말씀하셨어요.

"친애하는 가족 여러분, 나자렛 성가정처럼 항상 믿음과 단순함으로 살아가십시오! 주님께서 주시는 기쁨과 평화가 항상 여러분과 함께할 것입니다!"

묵주 기도

가족을 위해 묵주 기도를 바치세요! 모든 가족이 어떤 상황에 있는지 잘 알고 있다고 하더라도, 어쩌면 지금 당장 급한 일이 있을지도 모릅니다! 하느님의 은총, 자비와 축복을 간구하십시오!

 교황님은 이렇게 말씀하셨어요.

"선하시고 아름다우신 성모님을 떠올릴 때마다 묵주를 들고 기도를 바칩시다. 이것이 성인으로 한 걸음 더 나아가는 발걸음입니다."

노인의 지혜

자녀는 조부모와 함께 이야기를 나눠 보세요! 조부모는 손주에게 아름다운 가족 이야기들을 들려줌으로써 가족 사랑의 기쁨을 가르쳐 줄 수 있습니다.

 교황님은 이렇게 말씀하셨어요.

"노인들의 지혜를 존중하는 사회는 앞으로 나아갈 것입니다."

"우리는 야심만만한 젊은이들에게, 사랑을 잃은 삶은 황폐한 삶임을 일깨워 줄 수 있습니다."

부모와 대부모

부모와 대부모는 하느님께서 우리를 있는 그대로의 모습으로 사랑하고 받아들이신다는 것을 기억해야 합니다. 당신이 완벽하지 않다고 해도 걱정하지 마세요. 최선을 다해 자녀와 손주를 도와주세요. 그들을 축복하고 그들을 위해 기도를 바치며, 그들이 하느님과 인격적인 관계를 맺도록 이끌어 주세요.

 교황님은 이렇게 말씀하셨어요.

"자녀와 하느님 사이의 친밀하고 신비로운 관계가 결코 침해받아서는 안 됩니다. 그 관계는 하느님이 원하시고 보호해 주시는 참된 관계입니다. 어린이들은 태어날 때부터 하느님의 사랑을 느낍니다. 그들은 하느님의 사랑을 받을 준비가 되어 있습니다. 어린이들이 스스로 사랑받고 있다고 느끼는 순간, 그들은 또한 자기들을 사랑하시는 하느님께서 존재하신다는 것을 깨닫게 됩니다."

개인주의의 해독제

어머니는 매일 자녀에게 사랑한다고 말해 주세요! 아이에게는 그 말이 꼭 필요하니까요! 어머니는 자신을 기꺼이 내어 줌으로써 자녀를 가르칠 수 있습니다. 어머니는 여러분 자신의 모범이자 가장 훌륭한 교사입니다.

 교황님은 이렇게 말씀하셨어요.

"지나친 개인주의가 가져오는 위험이 증대되는 사실도 고려하여야 합니다. 그러한 개인주의는 가정의 유대를 왜곡시켜 결국 가정의 구성원들을 고립된 개체로 간주해 버립니다."

"어머니들은 만연한 이기적 개인주의에 대한 가장 강력한 해독제가 됩니다. … 어머니들이 바로 생명의 아름다움을 증언합니다."

함께함의 행복

아버지는 오늘 저녁 당장 자녀와 함께 산책을 나가 보세요. 자녀에게 당신이 단지 그들과 함께 있는 것만으로도 행복을 느낀다는 것을 보여 주세요.

 교황님은 이렇게 말씀하셨어요.

"첫 번째로 필요한 것은 정확히 이것입니다. 아버지는 가정에 머물러야 한다는 것입니다. 아내와 친밀해야 하고, 기쁨과 슬픔, 희망과 고난까지도 공유해야 합니다. 자녀가 성장할 때 아버지는 그들과 가까이 있어야 합니다. 그들이 뛰어놀 때나 애를 쓸 때, 아무 근심이 없을 때나 괴로워할 때, 수다를 떨 때나 침묵을 지킬 때, 대담하게 맞설 때나 두려움으로 주춤거릴 때, 잘못된 길을 갈 때나 다시금 길을 찾을 때, 이 모든 상황에서 아버지는 항상 가정에 존재해 있어야 합니다."

가정의 사도

다툼이 있은 후에는 항상 먼저 화해를 하려고 노력해 보세요. 매일 밤 가정의 모든 일을 바로잡은 후에 잠자리에 드세요.

 교황님은 이렇게 말씀하셨어요.

"가정에서 항상 사랑의 복음을 전하는 사도가 되십시오."

"여러분의 가정이 평화롭지 않은 채로 하루를 마무리해서는 안 됩니다."

꿈을 가꾸는 일

젊은이는 어떤 삶을 꿈꾸고 있나요? 주님은 당신의 가슴 속에 선하고 거룩한 열망을 심어 주시고 그 목적을 향해 나아가도록 인도해 주십니다. 용기를 내세요.

 교황님은 이렇게 말씀하셨어요.

"지금까지 얼마나 많은 어린이들이 청소년기의 예수님께로부터 힘을 얻어 마음속 가장 깊은 곳의 소명을 깨닫고, 원대한 꿈을 가꾸는 일이 얼마나 필요하고 아름다운지를 이해할 수 있었던지요!"

그리스도를 초대함

부모는 그리스도를 당신의 삶, 당신의 집, 그리고 가정으로 초대하세요.

 교황님은 이렇게 말씀하셨어요.

"맨 처음 마리아와 요셉이 그러했듯이, 모든 그리스도교 가정은 예수님을 환대하고, 그분의 말씀에 귀를 기울이고, 그분과 이야기를 나누고, 그분을 지키고 보호하며, 그분과 함께 성장해 나갑니다. 이렇게 함으로써 우리는 온 세상을 더 나은 곳으로 변화시킵니다."

함께 자람

형제자매를 보물처럼 대하세요. 지금 즉시 형제자매에게 전화를 해 보는 건 어떨까요? 편지를 써도 좋습니다. 당신과 가족과의 관계는 모두를 한 가족이 되도록 배려하신 하느님으로부터 축복받은 것이에요. 그 관계를 존중하고 그들을 존중해 주세요.

 교황님은 이렇게 말씀하셨어요.

"형제자매와 더불어 성장하면 상호 배려, 곧 도움을 주고받는 아름다운 경험을 하게 됩니다."
"'형제'와 '자매'라는 말을 그리스도교는 진정으로 사랑합니다."

위안의 원천

부모는 모든 가족이 성경을 가질 수 있도록 챙겨 주세요. 기도와 경배를 하며 주님과 함께 시간을 보내세요. 성경을 읽고 고해성사와 성찬례를 통해 예수님과의 관계를 견고하게 할 수 있습니다.

 교황님은 이렇게 말씀하셨어요.

"하느님의 말씀은 어려움과 고통을 겪는 모든 가족에게 위안의 원천입니다."

"예수님은 매일 여러분에게 말씀하십니다. 그분의 복음이 여러분의 것이 되고, 여러분의 삶의 여정에서 그분이 '항해사'가 되도록 하십시오."

우애의 손길

어린 자녀는 손위의 형제자매가 어떻게 자신을 도와주고 가르쳐 줬는지를 떠올려 보세요. 그들에게 쪽지를 전달해 그 기억을 나누면서, 자신이 그들의 손아래 형제자매가 된 것을 고마워한다는 것을 전해 주세요.

 교황님은 이렇게 말씀하셨어요.

"오늘 저는 아홉 명의 자녀를 둔 가정을 만났습니다. 한 가정에 많은 형제자매가 있을 때, 맏이는 아버지와 어머니를 도와주고 어린 동생들을 돌봐 줍니다. 형제자매들 간의 이런 도움의 손길은 참으로 아름답습니다."

형제자매를 위한 기도

형제나 자매들과의 어릴 적 추억을 떠올려 보세요. 그리고 그들이 어떻게 지내는지, 그들이 여러분의 도움을 필요로 하지는 않는지 알아보세요. 그리고 그 즉시 형제자매를 위한 기도를 바쳐 주세요.

 교황님은 이렇게 말씀하셨어요.

"여러분을 사랑하는 형제나 자매가 있다는 것은, 무엇으로도 대체할 수 없는 깊고 소중한 체험입니다."

"우리 형제자매를 생각하고, 마음으로부터 침묵 속에서 그들을 위한 기도를 바치도록 합시다."

용기를 내어 한 걸음

젊은이는 하느님을 신뢰하세요. 더 나은 세상을 건설하기 위해서 위험을 무릅쓰는 것을 두려워하지 마세요. 이 점을 마음에 새기고 잊지 마세요.

 교황님은 이렇게 말씀하셨어요.

"하늘에 계신 우리 아버지께서는 우리를 향한 당신의 사랑에서 결코 한 발도 물러서지 않습니다. 그분은 항상 앞으로 나아가십니다. 만약 앞으로 나아가지 못할 때에는 우리를 기다리시기도 하지만 결코 뒤로 물러서지는 않으십니다. 그분은 당신의 자녀들이 용기를 내어 한 걸음 더 나아가기를 원하십니다. 그래서 하느님의 자녀들은 새로운 세상을 건설하는 일을 결코 두려워할 필요가 없습니다. 그들이 이미 받은 것들을 더 나은 것으로 만들기를 원하는 것은 당연한 일입니다."

고통받는 자녀를 둔 부모

부모는 고통받는 자녀를 둔 다른 아버지와 어머니들을 위해서 기도해 주세요. 그들을 위해 하느님의 도우심을 청해 주세요.

 교황님은 이렇게 말씀하셨어요.

"모든 아버지와 어머니에게 아들딸의 고통이 자기 자신의 고통보다 더 견디기 어려운 것은 당연합니다. 가정은 항상 가장 가까이 있는 '병원'이라고 할 수 있습니다. 상처를 치유하고 보살펴 주는 이는 아버지, 어머니, 형제자매, 그리고 조부모입니다."

화살기도

형제자매는 난감한 상황에 처했을 때 다른 형제자매에게 짤막하게라도 함께 기도를 바쳐 줄 수 있는지 물어보세요. 당신의 가정이 함께하는 시간을 마련하도록 노력해 보세요.

 교황님은 이렇게 말씀하셨어요.

"한 가족이 함께 기도를 바치는 것은 중요합니다. 너무나 중요합니다."
"가정의 행복과 복지는 세상의 미래를 위해 절대적으로 중요합니다."

예수님과 성모님에게 입맞춤

부모는 자녀가 어려서부터 기도하는 방법을 배우도록 가르쳐 주세요.

 교황님은 이렇게 말씀하셨어요.

"어머니들이 어린 자녀들에게 예수님과 성모님에게 입맞춤을 하도록 가르치는 것은 아름다운 일입니다. 얼마나 다정하고 친절한 일인가요! 그 순간 그 아이의 마음은 기도의 장소로 바뀝니다. 그것은 성령의 은총입니다. 우리 모두 각자에게 이 은총이 주어지도록 청하는 것을 잊지 말도록 합시다!"

가장 어두운 시간

만일 가정에 불화가 있다면 가정의 일원으로서 함께 기도해 주세요. 가정의 불화를 만드는 일이 있다면 우선 기도해 보세요. 사랑으로 문제를 해결하도록 대화를 나눌 용기와 겸손을 청하세요.

 교황님은 이렇게 말씀하셨어요.

"가정생활에서 가장 어두운 시간이 왔을 때, 예수님과의 일치는 가정의 해체를 막는 데 도움이 됩니다."

"여러분 가정이 대화를 잃지 않으면 긴장은 쉽게 해소될 수 있습니다."

교황님의 실수

자녀는 실수를 했을 때 부모의 훈육을 받아들이되, 실의에 빠지지 마세요. 프란치스코 교황님도 실수를 하세요!

 교황님은 이렇게 말씀하셨어요.

"한번은 제가 초등학교 4학년 때, 선생님에게 나쁜 말을 했습니다. 선한 분이셨던 선생님께서는 어머니를 부르셨지요. 다음 날 어머니께서 오셔서 선생님과 말씀을 나누시다가 저를 부르셨습니다. 어머니는 제가 선생님 앞에서 한 행동은 나쁜 짓이었고 해서는 안 되는 일이었다고 꾸짖으셨습니다. 하지만 어머니의 꾸짖음은 너무나 친절했습니다. 어머니는 제게 당신 앞에서 선생님께 사과드리라고 말씀하셨습니다. 저는 사과를 드렸고 사과를 한 것 자체가 매우 기뻤습니다. 이야기는 해피엔딩으로 끝났습니다."

가정의 지지자

아버지는 마태오 복음서의 요셉 성인에 대한 이야기를 읽어 보세요. 요셉 성인은 자신의 가정에 관해서 주님의 이끄심에 따르셨습니다.

 교황님은 이렇게 말씀하셨어요.

"아버지들은 요셉 성인에 대한 많은 이야기를 들을 수 있습니다. 그는 의로운 사람이었고, 고난의 시기에 예수님과 성모님, 즉 자신의 가정을 지지하고 보호하는 데 평생을 바쳤습니다."

사랑으로 가득한 삶

진실하고 올바른 사람이 되도록 노력하세요. 하느님께서는 당신을 창조하셨고, 많은 이에게 축복이 되기를 원하셨습니다. 이 점을 잘 기억하세요. 하느님께서 당신을 그분의 사랑으로 가득 채워 주시기를 청하세요. 그러면 당신은 하느님의 사랑을 더 많이 발산하게 될 것입니다.

 교황님은 이렇게 말씀하셨어요.

"우리는 우리 삶의 흔적을 남기도록 이 세상에 왔습니다."

"세상 누구도 하느님의 사랑으로부터 떨어져 나갈 수 없습니다. 여러분의 집이 그 사랑의 성전이 되기를 빕니다."

부부는 서로에게 인내하세요. 그리고 상대가 서로에게 주는 사랑을 소중히 여기세요.

 교황님은 이렇게 말씀하셨어요.

"저는 상대방의 사랑의 진가를 알려면 그 사랑이 완벽해야 한다고 주장하지 않습니다. 상대방은 자신의 능력껏 최선을 다하여 나를 사랑합니다. 그러나 사랑이 완벽하지 않다고 해서 그 사랑이 거짓이라거나 참되지 않다는 것을 의미하지 않습니다."

우리 미래가 달려 있는 곳

가족을 사랑하세요. 그리고 하느님께서 당신이 평생 함께하도록 해 주신 그들과 하나가 되어 살아가세요. 가정을 위해 시간과 노력을 투자하세요! 가족 중 누군가가 아주 힘든 시간을 보내고 있더라도 결코 그를 포기하지 마세요. 그를 사랑하고 그를 위해 기도해 주세요.

 교황님은 이렇게 말씀하셨어요.

"가정을 잘 돌보고 지키세요. 왜냐하면 그곳에 우리의 미래가 달려 있기 때문입니다.
"가정생활은 참으로 가치 있는 것입니다."

하느님께서 얼마나 당신과 당신의 가정을 사랑하시는지 믿으세요! 잊지 마세요. 당신은 이미 축복을 받았습니다. 가족과 함께했던 즐거운 추억들, 행복한 시간들을 회상해 보세요.

 교황님은 이렇게 말씀하셨어요.

"예수님은 가정에서 태어나셨습니다. 물론 그분은 전사나 황제로 화려하게 오실 수도 있었지요. 하지만, 결코 그렇게 하지 않으셨습니다. 그분은 평범한 가정에서 가족의 한 사람으로 태어나셨습니다."

함께 산다는 것의 의미

형제들은 서로를 용서해 주세요. 그러고 나서 다시 자신의 잘못에 대해 용서를 청하세요. 형제나 자매에게 앙갚음을 하지 마세요. 친절하게 대해 주세요! 당신은 소중한 사랑을 나누고 있으니까요.

 교황님은 이렇게 말씀하셨어요.

"시편은 형제간의 아름다운 우애에 대해 이렇게 노래합니다. "보라, 얼마나 좋고 얼마나 즐거운가, 형제들이 함께 사는 것이!"(시편 133,1). 사실입니다. 형제애는 참으로 아름답습니다."

"기쁘게 살아가기 위해서는 분노와 노여움, 폭력과 복수심을 버려야 합니다."

혼인의 아름다움

배우자에게 혼인은 그저 '큰 행사'로만 끝나는 것은 아닙니다. 혼인은 평생토록 이어지는 기념이지요. 부부 사이의 관계를 언제나 존중해 주세요.

 교황님은 이렇게 말씀하셨어요.

"그리스도교 혼인의 아름다움을 생각해 봅시다. 그것은 그저 성당에서 꽃과 드레스, 사진 촬영으로 시끌벅적하게 열리는 행사가 아닙니다. 그리스도교 혼인은 성사입니다. 교회 공동체에서 거행되는, 또 하나의 새로운 가정 공동체를 탄생시킴으로써 교회를 만들어 나가는 성사입니다."

혼인 교리

약혼자들은 서로를 더 잘 알고 존중하기 위해서 혼인 교리에 충실히 참여하세요.

 교황님은 이렇게 말씀하셨어요.

"혼인 교리는 혼인을 앞둔 이들에게 아주 특별한 준비 과정입니다. 어쩌면 많은 커플들은 마지못해서 혼인 교리 과정에 참석할지도 모릅니다. "신부님이 그렇게 하라고 하시는데, 그런데 왜 그래야 하는지 잘 모르겠습니다. 이미 다 알고 있는 내용인데요." 라고 하면서 그들은 마지못해 혼인 교리에 참석하곤 합니다. 하지만 그들은 나중에 혼인 교리에 참석한 것을 아주 기쁘고 감사하게 생각합니다. 왜냐하면 그들은 혼인 교리를 배우면서 자신들이 전에는 경험하지 못했던 아주 소중한 체험을 하는, 어쩌면 평생 유일할지도 모르는 기회를 갖게 되기 때문입니다. 그렇습니다. 많은 커플들은 오랫동안 아주 친밀한 관계를 유지하고, 때로는 함께 생활하기도 합니다. 하지만 그들은 서로를 진정으로 알지 못합니다. 좀 이상하게 들릴지 몰라도 이것은 경험상 분명한 사실입니다. 따라서 약혼 기간은 서로를 더 잘 알고 함께 미래의 계획을 나누는 소중한 시간으로 재평가되어야 합니다."

저녁 식탁에서

당신 가정의 기쁜 일을 다른 이들과 함께 나누어 보세요. 다른 가족과 친구들이 당신 가정의 만찬과 모임에 참석하도록 초대하고 환대해 주세요. 가정은 물론 공동체에서도 저녁 만찬 자리를 자주 함께 가져 보세요.

 교황님은 이렇게 말씀하셨어요.

"가정에서 체험하는 참된 기쁨은 우연하거나 특별한 것이 아니라, 일상적이고 지속적인 것입니다."
"우리는 식탁에서 이야기를 하고, 식탁에서 이야기를 듣습니다."

헤어진 부모들

헤어진 부부는 아이들이 떨어져서 살고 있는 어머니, 아버지와의 행복했던 기억을 함께 나눌 시간을 마련해 보세요. 비난하는 말로 아이들에게서 어머니나 아버지와의 추억을 빼앗지 마세요. 당신이 아이들의 어머니나 아버지를 존중한다면 아이들은 거기에서 위로를 받을 수 있을 것입니다.

 교황님은 이렇게 말씀하셨어요.

"서로 헤어진 부모들에게 바랍니다. 많은 어려움과 어쩔 수 없는 이유로 두 사람이 헤어졌을 것입니다. 여러분에게 이 일은 큰 시련이었을 것입니다. 하지만 이 결별의 무게를 자녀들이 짊어져서는 안 됩니다. 아이들은 자기 부모가 이제는 함께 살지 않더라도 서로에 대해 아름답게 추억하는 말을 들으며 자라야 합니다. 갈라선 부모에게 이것은 아주 중요한 일입니다. 물론 무척 어려운 일이지만 얼마든지 할 수 있는 일이기도 합니다."

가슴으로 전하는 사랑법

자녀는 그가 누군가의 자녀이기
때문에 사랑받습니다.
그 사랑은 결코 아이가 예쁘거나
또는 이렇게 생겼거나 저렇게 생겼기 때문이 아닙니다.
그저 그가 아이라는 한 가지 이유 때문입니다.

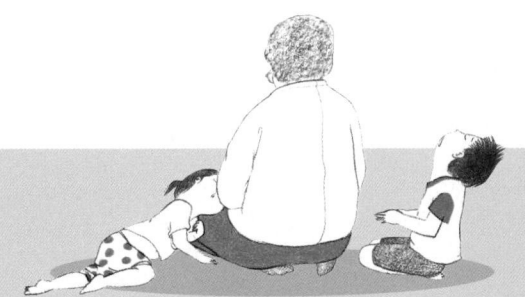

가정의 영웅

열심히 일한 부모가 일을 마친 후에 소파에 앉아 잠시 편안하게 휴식을 취할 수 있도록 도와드리세요. 그분들이 피곤에 지쳐 있을 때, 자신이 무엇을 해 드릴 수 있을지 물어 보세요.

 교황님은 이렇게 말씀하셨어요.

"얼마나 자주 우리는 지친 낯으로, 피곤에 절은 얼굴로 다시 일터에 나온 사람들을 보곤 합니까. '무슨 일 있었어?'라고 물어보면 그들은 '애들 보느라고, 환자가 있어서, 또는 나이 드신 부모님을 밤새 교대로 돌보느라 두 시간 밖에 못 잤어.'라고 대답합니다. 그 상태로 하루 종일 일을 해야 합니다. 이것은 영웅적인 행동입니다. 이들은 가정의 영웅들입니다! 이들은 집에 아픈 사람이 있을 때, 자신들을 드러내지 않고 친절과 용기로써 영웅적인 덕행을 실천합니다."

그저 아이라는 이유로

부모는 자녀를 보화처럼 여겨 주세요. 애정과 친절한 말로 그들에게 무엇이 올바른 것인지를 가르치되 항상 용서하는 법도 함께 가르쳐 주세요.

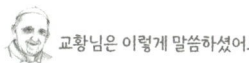 교황님은 이렇게 말씀하셨어요.

"자녀는 그가 누군가의 자녀이기 때문에 사랑받습니다. 그 사랑은 결코 아이가 예쁘거나 또는 이렇게 생겼거나 저렇게 생겼기 때문이 아닙니다. 그저 그가 아이라는 한 가지 이유 때문입니다."

만약 배우자와 말다툼을 벌이게 된다면, 상대방이 생각하고, 돌아보고, 그럼으로써 현재의 상황을 파악할 수 있는 시간을 갖도록 기다려 주세요. 상대방에게는 부담 없는 시간과 장소가 필요합니다. 서로의 의견에 차이가 있을 때, 즉각적으로 모든 것을 해결할 필요는 없습니다. 어떤 요소들은 시간이 필요하지요. 의견 차이가 계속될 때 서로에 대한 존중은 여러분의 일치를 더 강하게 해 줄 것입니다.

 교황님은 이렇게 말씀하셨어요.

"혼인 생활에는 당연히 수많은 문제들이 있습니다. 시각의 차이, 질투심과 말다툼이 항상 있을 수밖에 없습니다. 하지만 우리는 젊은 부부에게, 화해하지 않고 하루를 끝내서는 안 된다고 말해 줄 필요가 있습니다. 논쟁, 오해, 감춰진 질투심, 심지어 범죄 후에도 이어지는 평화 회복의 노력을 통해서,

혼인성사는 다시금 새로워집니다. 평화 회복은 가정에 일치를 선사합니다. 젊은이들, 젊은 부부에게 분명히 말해 주십시오. 평화를 회복하는 것은 결코 쉽지 않지만, 그것은 아름다운, 참으로 아름다운 길입니다. 그들에게 이 사실을 잘 알려 주어야 합니다."

가장 중요한 선생님

부모는 자녀의 가장 일차적이고 가장 중요한 선생님입니다. 자녀에게 가르쳐 주고 싶은 일 한 가지를 떠올려 보세요. 그리고 그것을 전해 줄 수 있는 지혜를 청해 보세요.

 교황님은 이렇게 말씀하셨어요.

"가면 갈수록 부모들은 '전문가에게' 자기 자녀들을 맡기려는 경향이 있습니다. 가장 예민하고 개인적인 차원의 일조차도 말입니다. 오늘날 부모들은 자녀들을 구석진 자리에 외롭게 방치해 둠으로써 자녀들의 삶에서 자신들을 배제해 버릴 위험에 빠져 있습니다. 실로 매우 심각한 일이 아닐 수 없습니다. 부모들은 자녀 교육에 있어서 자신들을 배제해 버려서는 안 됩니다."

불가능은 없다

가족들 간의 모든 관계, 그들 사이에 빚어지는 문제들을 당신 자신의 능력으로 모두 해결하려고 하지 마세요. 주님께 도움을 청하세요. 예수님은 이렇게 말씀하셨습니다. "너희는 나 없이 아무것도 하지 못한다."(요한 15,5). 하지만 "하느님께는 모든 것이 가능하다."(마태 19,26).

 교황님은 이렇게 말씀하셨어요.

"기도 중에 하느님께 의탁한다면, 우리에게는 불가능한 것이 없습니다. 우리는 모두 평화를 건설하는 사람들입니다."

하루의 끝

다른 사람을 관대하게 대해 주세요. 자신에게 해를 입히거나 부당하게 대하는 사람들도 친절하게 대해 주세요. 화해와 온유함으로 하루를 마무리하세요.

 교황님은 이렇게 말씀하셨어요.

"용서는 사랑의 본질로서, 실수를 이해하고 다시는 실수하지 않도록 고쳐 줍니다."

"사랑은 원수의 명성까지도 존중하는 사려 깊음으로 다른 사람의 이미지를 돌보는 것입니다."

"하루해가 지기 전에 마음의 평화를 되찾도록 하십시오."

어머니의 희생

어머니의 희생에 존경심을 표시하고 감사한 마음을 가지세요!

 교황님은 이렇게 말씀하셨어요.

"모든 어머니들은 자기 자녀들을 위해서, 또한 종종 다른 모든 이들을 위해서도 희생을 마다하지 않으십니다. 그분들의 말에 더 귀를 기울여야 합니다. 우리는 그들이 직장에서 얼마나 더 일을 잘하려고 노력하는지, 그리고 가정에서 얼마나 깊은 주의를 기울이고 가족들을 사랑으로 보살피려고 노력하는지 더 잘 이해해야 합니다."

끈기 있는 노력

부부는 남편이나 아내에게 무슨 생각을 하는지 또는 기분이 어떤지 물어 보세요. 관심을 갖고 묻고 묻고 또 물으세요. 그리고 그 대답에도 진심으로 귀를 기울여 주세요. 부부는 혼인 생활이 기쁨으로 가득하도록 노력해 보세요. 날을 정해 한밤의 데이트를 즐기거나 나들이를 나서 보세요.

 교황님은 이렇게 말씀하셨어요.

"사랑은 헌신적으로 다른 사람들의 말에 귀 기울이고 그들에게 가까이 다가가려고 노력하는 사람들의 끈기 있는 노력입니다."

"부부가 신혼 초기의 사랑을 간직하며 앞으로 나아가며 추는 춤, 경이로 가득 찬 눈으로 희망을 바라보며 추는 춤을 멈추어서는 안 됩니다."

자녀와 친구지만 동년배는 아니다

아버지는 매일매일 자녀에게 하느님의 뜻에 따라 살아가는 법을 가르쳐 줄 수 있습니다. 그러기 위해서는 자녀가 지금 어떻게 생활하고 있는지 알아야 합니다. 그래야 그들을 인도해 줄 수 있으니까요.

 교황님은 이렇게 말씀하셨어요.

"종종 아버지들은 가정에서 자기들의 역할이 무엇인지 알지 못하거나 자녀를 어떻게 양육하는지 모르는 것 같습니다. 그래서 그들은 확신 없이, 주춤거리고 뒤로 물러서서, 자기들의 책임을 포기하거나 소홀히 하곤 합니다. 이것은 아마도 자신과 자녀와의 관계를 '동등'하다고 생각하고 그런 관계에 안주하는 것일지도 모릅니다. 물론 여러분은 자녀와 친구가 되어야 합니다. 하지만 여러분은 아버지라는 것을 잊어서는 안 됩니다. 여러분이 그저 자녀의 동년배처럼 행동한다면 그것은 자녀에게 아무런 도움이 되지 못할 것입니다."

정기적 가족 식사

부모는 정기적으로 가족이 모두 모이는 식사 자리를 가져 보세요. 가능하다면 친구나 이웃들, 본당 신자들을 초대하는 것도 좋습니다. 자녀는 형제자매를 위한 당신의 환대에서 많은 것을 배울 수 있습니다.

 교황님은 이렇게 말씀하셨어요.

"어렸을 때 익히는 가정생활의 독특한 특성에 대해서 생각해 봅시다. 그 첫 번째는 '유쾌함'입니다. 다시 말해서, 자기 삶에서 모든 좋은 것을 함께 나누는 태도, 그리고 그렇게 함으로써 느끼는 행복입니다. 나눔, 그리고 나눔의 방법을 아는 것은 아주 소중한 덕목입니다! 그것을 상징적으로 드러내는 '광경'은 만찬 식탁 주위에 모인 가족의 모습입니다."

가슴으로 전하는 사랑법

현재의 순간에 집중하세요. 그리고 그 안에서 기뻐하세요!

 교황님은 이렇게 말씀하셨어요.

"때로는 개인적인 큰 어려움이나 슬픔 속에서 기념식이나 축하 행사를 해야 할 때도 있습니다. 그럴 때 우리는 아마도 슬픔에 목이 메지만 웃는 모습을 보여야 할 것입니다. 하지만 그럴 때에도 우리는 우리가 건네는 축하가 형식적인 것이 되지 않도록 하느님께 힘을 청합니다. 부모님들은 이런 상황을 너무나 잘 알고 계십니다. 오직 자녀들에 대한 사랑으로, 자녀들이 기쁜 일을 만끽하도록, 삶의 기쁨을 충분히 누리도록 하기 위해서 여러분들은 자신의 슬픔을 삼킬 줄 압니다. 그러한 행동이 가능한 것은 넘치는 사랑이 있기 때문입니다."

자주 해야 하는 말

서로를 너무 당연하게 대하지 마세요!

 교황님은 이렇게 말씀하셨어요.

"가정 안에서는 "세 가지 말을 반드시 하여야 합니다. 저는 이것을 거듭 말씀드리고 싶습니다! 이 세 가지 말은, '부탁합니다', '감사합니다', '미안합니다' 입니다. 이러한 말들은 반드시 필요한 것입니다.""

생명의 잉태

새 생명의 탄생을 기다리는 부모를 위해 기도하고 그들을 축복해 주세요. 부모는 자녀가 예수님께 기도하도록 가르쳐 주세요. 소박하지만 진실된 기도로 시작하고, 그분께 감사를 드리는 것을 잊지 마세요.

 교황님은 이렇게 말씀하셨어요.

"모든 아이는 언제나 하느님의 마음속에 자리 잡고 있으며, 수태되는 순간에 창조주의 영원한 꿈이 이루어집니다."

"예수님은 모든 형태의 자아도취, 고독, 슬픔을 극복하게 해 주시는 마르지 않는 사랑의 샘이십니다."

마르지 않는 힘의 원천

남편은 아내를, 아내는 남편을 더 사랑해 주세요. 성모님의 도우심을 청해 보세요! 성모님께서는 당신이 더욱 더 예수님을 닮아가기를 바라시기에 언제나 당신을 도와주실 것입니다.

 교황님은 이렇게 말씀하셨어요.

"가정에서 실천하는 사랑은 교회의 삶에서 변치 않는 힘의 원천이 됩니다."

시류에 빠지지 마라

약혼한 이는 결혼식 비용이 부족하다고 해서 혼인을 포기하지는 마세요! 가장 중요한 것은 서로에 대한 사랑과 헌신입니다. 부족한 것은 사랑이 채워 줄 것입니다.

 교황님은 이렇게 말씀하셨어요.

"소비주의와 허례허식의 사회에 휩쓸리지 마십시오. 중요한 것은 은총으로 강화되고 거룩하게 되어 여러분을 결합시켜 주는 사랑입니다. 여러분은 사랑을 우위에 두고 검소하고 소박한 예식을 선택할 수 있습니다."

함께 오를 사다리

부모는 자녀가 두려움이나 실의에 빠졌을 때, 함께 걸어가 주세요. 그들의 도전에 함께해 주세요!

 교황님은 이렇게 말씀하셨어요.

"부모가 자녀에게 '사다리를 함께 올라가자.'라며 손을 잡고 한 걸음씩 오르도록 돕는다면, 그들은 씩씩하게 사다리를 오를 것입니다. 하지만 단지 사다리 밑에서 자녀에게 '올라가!'라는 말만 한다면, 아이들은 '못 하겠어.'라고 대답할 것이고, 어쩌면 부모는 또 다시 '올라가!'라고 독촉하겠지요. 부모의 이런 태도는 아이들을 화나게 할 것입니다. 그들이 할 수 없는 일을 억지로 강요하는 것이기 때문입니다."

매일 축복하라

자녀를 아침저녁으로 축복해 주는 일은 부모로서 특별히 해야 할 일입니다. 자녀와 직접 이야기를 나눌 때에도, 그리고 그들에 대해서 말을 할 때에도 그들을 축복해 주세요.

 교황님은 이렇게 말씀하셨어요.

"이웃을 위해 기도하는 다양한 방법이 얼마나 많습니까! 진심으로 하는 기도라면, 무슨 기도든지 하느님께서 기꺼이 받아 주실 것입니다. 부모들이 아침과 저녁에 자녀들을 축복해 주는 특별한 전통이 있습니다. 어떤 가정에서는 여전히 이렇게 하기도 합니다. 자녀를 축복하는 일은 기도입니다."

집 안에 십자가를 걸어 두세요. 기도할 마음이 생길 것입니다.

 교황님은 이렇게 말씀하셨어요.

"모든 가정에게 기도는 아주 중요합니다. 우리는 가정에서 처음으로 기도하는 법을 배웁니다. 결코 잊지 마십시오. 함께 기도하는 가정은 항상 함께 머물 수 있습니다. 아주 중요한 일입니다. 그럼으로써 우리는 하느님을 알게 되고, 신앙을 가진 성인으로 자라나며, 우리 스스로를 하느님의 더 큰 가정, 곧 교회의 일원으로 여길 수 있게 됩니다."

대화를 위한 시간

때로는 전화기를 꺼 두세요. 부부는 더 단단한 가정을 만들어 나가기 위한 시간을 마련해 보세요.

 교황님은 이렇게 말씀하셨어요.

"때로는 이러한 수단들이 사람들을 가까이 있게 하기보다는 서로를 멀어지게 만들 수 있다는 것을 우리는 알고 있습니다."

"대화하고, 서두르지 말고 안아 주고, 함께 계획하고, 상대방의 말을 경청하고, 서로를 바라보고, 서로를 존중하며, 관계를 다지는 시간이 필요합니다."

서툴지만 가족

배우자는 진심으로 서로에게 용서를 청하고, 친절과 용기로 배우자를 축복해 주세요. 또한 가진 것을 어려운 이들과 아낌없이 나눔으로써 혼인 생활의 기쁨을 온 세상과 나누어 보세요!

 교황님은 이렇게 말씀하셨어요.

"혼인의 위기가 "인내하고 깊이 생각하며 서로 용서하고 화해하며 희생하려는 용기 없이 종종 성급하게 다루어집니다.""

"그리스도인 부부는 형제애, 사회적 감수성, 약자 보호, 빛나는 신앙, 활기찬 희망이라는 색으로 회색 사회를 밝게 칠합니다."

가정과 미사

가족이 함께하는 식사를 다른 이들, 특히 사랑과 후원이 절실한 이들을 환대하는 기회로 삼아 보세요.

 교황님은 이렇게 말씀하셨어요.

"예수님께서 우리에게 성체성사를 양식으로 주셨기 때문에 가정과 미사는 깊은 연관성이 있습니다. 우리가 가정에서 체험하는 유대감은 교회라는 더 큰 가정에서 하느님의 보편적 사랑의 표지로 확장됩니다."

하루에 한 번이라도 안부를 묻는 문자 메시지를 가족에게 보내 보세요. 어떻게 하루를 지내는지 묻고 당신이 그들을 생각하고 있다는 것을 알려 주세요. 아무리 어려운 때라도, 가정은 참으로 좋은 것이에요. 가족, 특히 최근 몇 년 동안 못 본 가족을 만날 계획을 세워 보세요!

 교황님은 이렇게 말씀하셨어요.

"주님께서는 구체적인 현실 가정이 날마다 겪는 고통과 시련, 기쁨과 희망 안에 현존해 계십니다."

"모든 이가 이 문서를 읽으면서 사랑으로 가정생활을 돌보라는 부르심을 느끼게 되기를 바랍니다. "가정은 문제가 아니라 무엇보다도 기회"이기 때문입니다."

하루 한 번 안부 문자

사랑의 안부

부모가 자녀에게 보여 주는 모든 사랑과 친절은 하느님의 사랑을 담고 있답니다. 오늘 잠시 시간을 내어 당신이 아버지, 어머니를 얼마나 사랑하는지 말해 주세요. 그리고 그분들께 마음을 담은 짧은 메모라도 건네 보세요!

 교황님은 이렇게 말씀하셨어요.

"여러분, 아버지와 어머니는 하느님 사랑의 불꽃을 지니고 있습니다. 여러분은 그 불꽃을 자녀에게 전해 주는 하느님 사랑의 도구입니다. 이 얼마나 아름답고, 아름답고, 또 아름다운 것입니까!"

가족애의 영성

가족 중 누구에게라도 소박하고 예상치 못한 선물을 해 보세요. 좋아하는 커피나 군것질거리, 또는 취미와 관련된 것도 좋습니다. 아니면 장을 봐온 것을 정리하거나, 차에서 짐을 내리거나, 설거지 등의 집안일을 해 줄 수도 있지요. 당신의 사랑을 담은 작은 감사의 선물이면 충분합니다.

 교황님은 이렇게 말씀하셨어요.

"가정 사랑의 영성은 작고 구체적인 많은 동작들로 이루어져 있습니다."

친교의 최고봉

아버지, 어머니, 형제, 자매, 아들 또는 딸 등 가족 안에서 자신의 역할을 잘 수행하세요. 그것이 바로 거룩함으로 나아가는 길이랍니다.

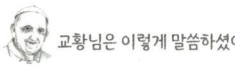 교황님은 이렇게 말씀하셨어요.

"깊은 영적 열정을 지닌 이들은 가정이 성령의 생명 안에서 이루어지는 성장에서 멀어지게 하는 것이 아니라, 오히려 가정을 주님께서 그들을 신비한 일치의 경지로 이끌어 주시는 길로 여깁니다."

요셉 성인과 함께

요셉 성인상을 집에 모셔 두세요. 그리고 개인적인 것이나 가족 모두와 관련해 도움이 필요할 때, 요셉 성인과 함께 기도하고 청해 보세요.

 교황님은 이렇게 말씀하셨어요.

"제 책상 위에는 잠드신 요셉 성인의 성화가 있습니다. 요셉 성인은 잠을 잘 때에도 교회를 돌보십니다. 그렇습니다. 우리는 그분이 그렇게 하실 수 있음을 잘 압니다. 그래서 저는 문제나 어려움이 있을 때, 짧은 글을 적어 요셉 성인 성화 밑에 넣어 둡니다. 그분이 제가 가진 문제에 대한 꿈을 꾸실 수 있도록 말입니다. 다시 말해서, 저는 요셉 성인께 '이 문제를 위해서 기도해 주십시오!'라고 말하는 것입니다."

사랑하는 가족, 지혜로운 가족

다른 가족에게 소중한 것이 있다면
당신도 그것을 귀하게 여겨 주세요.
그리고 그것이 중요하다고 생각된다면,
그것을 위해 함께 시간을 보내 보세요.

가족 나들이

올 여름에는 가족과 함께 가는 나들이를 계획해 보세요. 친구와 다른 가족들도 초대한다면 더 좋겠지요! 최선을 다해서 가족과 이웃을 돌보세요. 그들에게 선물이 되어 주세요. '최선'을 다한다면 그것만으로도 충분합니다.

 교황님은 이렇게 말씀하셨어요.

"여름철이면 많은 이들이 휴가를 갑니다. 그간 소원했던 인간관계를 돌보는 아주 좋은 시간이 될 수 있습니다."

""인간학적 문화적 변화의 주된 경향"은 "개인들이 개인생활과 가정생활에서 사회 조직의 지원을 과거보다 덜 받게 되는" 방향으로 나아간다는 것입니다."

어머니에게 귀 기울이기

자녀는 어머니의 말에 귀를 기울여 주세요!

 교황님은 이렇게 말씀하셨어요.

"그리스도교 공동체에서 어머니들은 종종 정당한 대접을 받지 못합니다. 자녀들은 물론 다른 이들을 위해서도 너무나 많은 희생을 하고 있는 어머니들의 목소리에 더 많이 귀를 기울여야 합니다."

기도하며 하느님께 나아가세요. 하느님은 당신을 사랑하세요! 세상의 온갖 어려움을 헤쳐 나가기 위해 혼자서 애쓸 필요는 없어요.

 교황님은 이렇게 말씀하셨어요.

"우리 마음과 일상에서 주님을 위한 자리를 마련해 둡시다. 성모님과 요셉 성인이 그러했듯이 말입니다. 물론 쉽지는 않지요. 두 분은 얼마나 많은 어려움을 극복해 나가야 했습니까! 그분들의 가정은 피상적인 것이 아니었습니다. 그분들은 실제로 우리와 같은 가정을 이루었습니다."

있는 그대로의 모습 보기

부모는 자신이 원하는 모습이 아닌, 자녀의 있는 그대로의 모습을 보기 위해서 노력해 보세요.

 교황님은 이렇게 말씀하셨어요.

"피상적인 대화는 마음과 마음의 참된 만남으로 이어 주지 못합니다. 그 대신에 이렇게 물어봅시다. 우리는 우리 자녀가 그들의 인생 여정에서 실제로 어디를 걸어가고 있는지 이해하려고 노력하고 있습니까?"

할아버지, 할머니께 전화를 드려서 그분들의 희생적인 사랑에 감사한다고 말씀드려 보세요! 자신의 부모와 조부모께서 어떻게 살아오셨는지를 더 잘 알도록 노력해 보세요.

 교황님은 이렇게 말씀하셨어요.

"노인들은 우리 집에서, 가치 있는 삶을 살아가기 위한 일상의 투쟁 속에서, 우리가 가고 있는 인생 여정에서 우리를 앞서 가신 분들이며, 우리의 어머니와 아버지입니다. 그분들은 우리에게 너무나 많은 것을 내어 주신 분들입니다."

많은 것을 내어 주신 어르신들

아이들이 던진 물음

부모는 자녀에게 마음을 열어 주어야 합니다.

 교황님은 이렇게 말씀하셨어요.

"너무나 자주 우리는 형식적인 미소, 경직되고 부자연스러우며 심지어 가식적인 미소를 짓곤 합니다. 우리는 스스로에게 질문해 봐야 합니다. 사랑으로 가득한 꾸밈없고 솔직한 미소를 짓는지, 아니면 내 미소가 가식적인 것은 아닌지? 나는 여전히 울 수 있는지, 아니면 눈물 흘리는 법을 아예 잊어버리지는 않았는지? 이 두 가지는 아이들이 우리에게 던지는 아주 인간적인 물음입니다."

가정에서 시작된다

하느님께서 당신에게 내려 주신 축복에 감사드리면서, 어떻게 하면 당신이 속한 본당이나 공동체의 어려운 이웃을 도울 수 있을지 기도 중에 생각해 보세요. 누군가를 약속 장소까지 차로 데려다 주는 일, 주변의 가족이 없는 이와 이야기를 나누고 친구가 되어 주는 일, 또는 우리 아이들이 입기에는 너무 작아져 버린 옷들을 이웃의 젊은 부부에게 건네는 일. 어떤 것이든 좋습니다. 너그러움이 몸에 밸 수 있도록 해 보세요.

 교황님은 이렇게 말씀하셨어요.

"모든 이들이 매사에 감사하는 마음을 갖도록 적극적으로 이끌어 주어야 합니다. 인간 존엄성의 존중과 사회 정의 실현은 가정에서 시작됩니다. 이러한 삶의 방식이 가정에서 소홀히 여겨진다면, 사회에서도 역시 외면될 것입니다."

지혜로운 가족

무엇인가를 부탁할 때에는 친절을 잊지 마세요.

 교황님은 이렇게 말씀하셨어요.

"주님조차도 문을 들어설 때에는 허락해 달라고 청하셨음을 잊지 마세요. 가정에서 무엇인가를 하기 전에 먼저 물어보세요. '이렇게 해도 될까요?', '이렇게 해도 괜찮을까요?' 가정생활에 큰 도움이 될 것입니다."

진정한 사랑의 말과 몸짓으로 하루를 시작하세요.

진짜 문제는 싸움이 아니다

 교황님은 이렇게 말씀하셨어요.

"아내 또는 남편과 다퉜나요? 아이들이 부모와 싸웠나요? 심각하게 싸웠습니까? 다툰 것은 물론 좋은 일이 아니지요. 하지만 진짜 문제는 싸웠다는 사실이 아닙니다. 싸우고 나서 그 감정을 다음 날까지 가져가는 것이 진짜 문제입니다."

조부모님 찾아뵙기

간단한 간식이라도 들고 할아버지, 할머니를 찾아가 보세요. 조부모들은 손주가 있다면 오늘 당장 그 아이들에게 연락해 보세요. 우편으로 카드라도 한 장 보내 보세요!

 교황님은 이렇게 말씀하셨어요.

"연로하신 할아버지, 할머니를 자주 찾아뵙는 것은 십계명의 네 번째 계명을 지키는 것입니다."

"할아버지, 할머니가 전해 주는 말은 젊은이들에게 아주 큰 의미를 갖습니다. 그리고 젊은이들도 그것을 알고 있습니다."

하루 종일 마음을 열고 살아가세요.

누구나 성인이 될 수 있다

 교황님은 이렇게 말씀하셨어요.

"어떤 분이 제게 이렇게 물었습니다. '일상생활에서도 성인聖人이 되는 길이 있나요?' 그럼요, 얼마든지 가능합니다. '그러면 하루 종일 기도를 바쳐야 하나요?' 아니지요, 다만 그날 하루 동안 기도, 일, 자녀 돌보기 등 여러분에게 주어진 의무에 충실하면 됩니다. 하지만 이 모든 일을 하느님께 열린 마음으로 해야 합니다. 그래야만 우리의 모든 행동이, 질병과 고통, 어려움 속에서도, 하느님을 향하게 됩니다. 그렇게 되면 우리는 누구나 성인이 될 수 있습니다."

그저 들어 주길 바랄 뿐

배우자는 사랑과 관심으로 서로에게 귀를 기울여 주세요. 당신의 배우자는 하느님의 선물입니다. 필요한 것이 있을 때, 이렇게 말해 보세요. "부탁 하나 들어 줄래요? ㅇㅇ를 해 주면 정말 고맙겠어요."

 교황님은 이렇게 말씀하셨어요.

"배우자는 자신의 문제의 해결책을 찾으려는 것이 아니라 그저 상대방이 자기 이야기를 들어주고 자기의 고통, 실망, 두려움, 분노, 희망과 꿈을 알아주고 있음을 느끼고 싶어 합니다."

"상대방에게 무언가를 요청할 때, 그것이 정당한 나의 권리라고 할지라도, 친절함을 잃지 마십시오. 그러면 혼인과 가정생활의 바탕인 공동생활이 더 견고하게 될 것입니다."

성수

당신의 가정을 희망과 은총으로 가득 채우세요. 성당에서 성수를 받아 와서 현관 앞에 성수대를 마련하는 건 어떨까요. 집을 나서거나 돌아올 때마다 성호경을 그어 보세요.

 교황님은 이렇게 말씀하셨어요.

"(카나의 혼인 잔치에서) 물독에 담긴 물은 정화를 위한 것이었습니다. 혼인 잔치에 온 모든 이들은 이 물로 자신을 정화해 영적 더러움을 씻어 냈던 것입니다. 성수로 영혼을 정화하는 예식은 유다교 전통에서 온 것입니다. 그런데 예수님은 가장 더러운 물을 가장 좋은 포도주로 변화시키셨습니다. 제가 말씀드리고 싶은 것이 바로 이것입니다. 주님께서는 위기의 가정을 더 나은, 더욱 성숙한 가정으로 변화시키십니다."

어머니의 희생

아들과 딸은 어머니의 사랑과 노고, 희생에 감사드리세요. 어머니는 당신에게 생명을 주셨습니다! 어머니를 위해 주님의 축복을 비는 기도를 바치고, 당신이 어머니를 얼마나 소중하게 생각하는지를 보여 드리세요.

 교황님은 이렇게 말씀하셨어요.

"공경하올 어머니들께 감사드립니다. 우리 가정에 당신이 계심을, 그리고 어머니께서 교회와 세상에 내어 주신 모든 것들에 대해서 감사드립니다."

은총

부부는 서로의 남편과 아내가 천상의 은총임을 잊지 마세요.

 교황님은 이렇게 말씀하셨어요.

"('하느님께서 맺어 주신 것을 사람이 갈라놓아서는 안 된다.'[마태 19, 6]
는) 혼인의 불가해소성은 사람들에게 부과된 '멍에'로 이해할 것이 아니라 혼인으로 결합된 사람들에게 주어진 '은사'로 이해하여야 합니다."

아버지와 어머니, 할아버지와 할머니, 이모와 삼촌, 그리고 나이 드신 가족과 더 많은 시간을 함께 보내세요. 전화를 해서 "언제 찾아뵈면 좋을까요?" 하고 물어보세요.

 교황님은 이렇게 말씀하셨어요.

"성모님과 요셉 성인은 모세의 율법에 따라서 아기 예수님을 주님께 봉헌하기 위해서 성전으로 데리고 갔습니다. 두 노인, 시메온과 한나는 성령에 이끌려 아기 예수님과 부모를 만났고 아기가 구세주임을 알았습니다. 참으로 아름다운 모습입니다. 젊은 부부와 두 노인이 예수님 때문에 한데 모였습니다. 예수님은 모든 세대를 모으고 하나가 되게 하는 분이십니다."

모든 세대가 하나 됨

가장 소중한 것

다른 가족에게 소중한 것이 있다면 당신도 그것을 귀하게 여겨 주세요. 그리고 그것이 중요하다고 생각된다면, 그것을 위해 함께 시간을 보내 보세요.

 교황님은 이렇게 말씀하셨어요.

"가정생활은 복잡하고 번잡스러우며, 바쁘고 신경 쓰이는 일들로 가득 차 있습니다. 사소하고 손이 많이 가는 일도 부지기수입니다. 가정을 가진 이들이라면 가장 위대한 수학자조차도 모르는 방정식을 풀 줄 압니다. 그들은 24시간을 48시간처럼 삽니다. 어떻게 그것이 가능한지 모르겠지만, 어떻게든 해 나갑니다! 가정에는 해야 할 일들이 너무나 많습니다."

부모는 자녀가 잘못했을 때 용서해 주세요. 그리고 당신도 용서받았음을 기억하세요. 진심으로 하느님께 용서를 청했을 때 하느님은 결코 외면하지 않으십니다. 자녀는 부모님이 정한 가정생활의 규칙들이, 경험에서 나온 삶의 지혜와 가정에 대한 막중한 책임감을 담고 있음을 명심하세요.

 교황님은 이렇게 말씀하셨어요.

"하느님께서는 당신을 낮추시어 이 세상에 내려오심으로써 언제나 인간의 여정에 함께하시고, 완고한 인간의 마음을 당신의 은총으로 치유하시고 변화시키시며, 십자가의 길을 통하여 그 시작을 향하게 하십니다."

"자녀들은 부모님에게 순종해야 합니다. 하느님은 그 모습을 보고 기뻐하십니다."

영혼의 양식

당신을 위한 하느님의 약속을 알고 묵상해 보세요. 여기서부터 시작해 봅시다. "청하여라, 너희에게 주실 것이다. 찾아라, 너희가 얻을 것이다. 문을 두드려라, 너희에게 열릴 것이다."(루카 11,9).

 교황님은 이렇게 말씀하셨어요.

"매일 복음 말씀을 읽으십시오. 하느님 말씀을 가까이하면 기도가 흘러나옵니다. 여러분 가정은 말씀을 가까이 하시나요? 집에 성경은 있으신가요? 때로는 함께 성경을 펼쳐서 읽으시나요? 묵주 기도를 바치면서 하느님 말씀을 함께 묵상해 본 적이 있나요? 가정에서 성경을 읽고 묵상하는 일은 영혼을 살찌우는 양식이 됩니다."

함께 기뻐하는 시간

대가족에서 집안일로 애쓰시는 어머니와 아버지를 생각해 보세요. 그분들을 도와드리세요. 자주 방문해서 그분들을 위해서 음식 장만을 하고, 집수리를 해 드리거나, 장을 봐 드리세요. 또는 전화로 안부를 묻고, 뭐라도 도와드릴 것은 없는지 물어 보세요.

 교황님은 이렇게 말씀하셨어요.

"사실 하느님께서는 아주 어려운 상황에 있는 아이들에게는 어떤 희생이든지 기꺼이 감수하고자 하는 훌륭한 부모를 선물로 주시곤 합니다. 하지만 이런 부모가 그 모든 수고를 혼자 짊어지도록 해서는 안 됩니다! 그분들의 노고를 같이 나누고, 함께 기뻐하는 시간을 마련하고 격려해 주어야 합니다."

각자의 소명

가족 중 누군가가 당신의 부탁을 한 가지 들어주었다면, 그것이 아무리 작은 일이라고 해도 꼭 "고마워!"라고 말해 주세요. 누군가 차를 빌려 주거나, 장을 봐 주거나, 저녁 식사를 대접하거나, 차고를 청소해 주거나, 또는 개를 산책시켜 주었다면, 그것은 하느님께서 주시는 은총의 선물입니다. 감사의 마음을 표현하세요. 가정은 하느님의 선물입니다!

 교황님은 이렇게 말씀하셨어요.

"여러분뿐만 아니라 우리 모두, 그리고 저 역시도 한 가정의 일원입니다. 우리들 각자는 모두 하느님의 계획을 실현할 소명을 부여받았습니다."

한 줌 사랑으로
일으키는 기적

부부는 서로에 대한 사랑이 불완전하다고 해도,
그 사랑만으로도 이미 충분합니다!
서로 더 사랑하게 해 달라고 예수님께 청하세요!
하느님은 한 줌의 사랑과 아주 작은 희생만으로도
큰 기적을 일으키십니다.

가장 가까운 공부터

가족이 요즘 어떻게 생활하는지, 직접 만나서 물어보세요. 오랫동안 그런 대화를 나누지 않았더라도 용기를 내어 다가가세요. 문제는 용기입니다.

 교황님은 이렇게 말씀하셨어요.

"우리의 도움을 필요로 하는 사람이 때로는 가장 가까운 곳에 있습니다. 큰 과업을 성취하기 위해서 멀리 찾아 나설 필요가 없습니다. 가장 단순한 일부터 시작하십시오. 주님께서는 그것이야말로 가장 서둘러야 할 일이라고 말씀하십니다."

존재 자체가 선물

하느님의 무한한 사랑은 당신을 통해서도 드러납니다! 다른 이들에게 미치는 당신의 영향력을 무시하지 마세요. 당신의 존재 자체가 당신 가정에 선물입니다! 할 수 있다면 가족 행사에는 반드시 참석하세요.

 교황님은 이렇게 말씀하셨어요.

"그리스도인 가정의 신비는 그리스도 안에서 드러나는 하느님 아버지의 무한한 사랑의 빛으로 온전히 이해될 수 있습니다. 그리스도께서는 우리를 위하여 당신 자신을 기꺼이 내주셨고 우리 가운데 살아 계십니다."

교황님을 위한 기도

교황님을 위해서 기도해 주세요. 지금 이 순간, 그분을 축복해 주세요. 교황님도 우리의 도움이 필요합니다!

 교황님은 이렇게 말씀하셨어요.

"친애하는 가족들이여, 여러분의 기도는 교회를 풍요롭게 하는 귀한 보화입니다. 여러분께 감사드립니다. 제가 진리와 사랑 안에서 하느님 백성에 봉사할 수 있도록 저를 위해서 기도해 주십시오."

아름다운 순간들

가정생활의 모든 순간이 사랑을 실천할 수 있는 기회입니다. 항상 하늘에 계신 우리 아버지에게 기도하는 것을 잊지 마세요.

 교황님은 이렇게 말씀하셨어요.

"삶의 여정에서 여러분은 가족과 함께 수많은 아름다운 순간들을 함께 나눌 것입니다. 식사, 휴식, 집안일, 여가 활동, 기도, 여행과 성지 순례, 그리고 서로 의지해야 하는 많은 순간들. 그럼에도 불구하고 만약 사랑이 없다면 어떤 기쁨도 찾을 수 없을 것입니다. 참된 사랑은 예수님께로부터 옵니다.

하느님과의 관계에 대해서 가족과 함께 이야기를 나눠 보세요. 신앙에 대해 질문을 하고, 내적 갈등을 나누고, 가족과 함께, 가족으로부터 배울 수 있어요. 가정에서 신앙을 나눌 기회를 갖는다면 또한 가정 밖의 다른 이들과도 신앙을 나눌 용기가 생겨날 것입니다.

신앙은 사유재산이 아니다

 교황님은 이렇게 말씀하셨어요.

"우리 가정은 신앙생활을 어떻게 하고 있나요? 신앙을 마치 은행 계좌처럼 개인 재산으로만 갖고 있지는 않나요? 아니면 삶의 증거로, 이웃들을 포용함으로써, 또는 열린 마음으로, 신앙을 함께 나눌 자세가 되어 있나요?"

삶을 나누는 법

가족이 자기 의견을 말할 수 있게 해 주세요. 그들의 이야기를 중간에 끊지 말고, 어떤 생각을 하고 있는지 나누게 해 주세요. "말해 봐!"라며 다그치지 마세요. 그들의 말 한마디 한마디에 귀 기울이고 그들의 마음을 헤아려 주세요.

 교황님은 이렇게 말씀하셨어요.

"우리는 가정에서 사랑하고 용서하는 법을 배웁니다. 폐쇄성과 이기심이 아니라 개방성과 너그러움을 배웁니다. 나 자신의 요구에만 매이지 않고, 다른 이들을 만나며, 우리 삶을 나누는 법을 배웁니다."

함께 놀기

일과 후 가족 모임을 한 적이 언제였나요? 보드 게임을 하거나, 특별한 행사를 계획하고, 하루 일과를 나누며, 함께 음식 준비를 하는 등 가족과 함께하는 시간을 마련해 보세요!

 교황님은 이렇게 말씀하셨어요.

"한 젊은 부부가 고해성사를 받으러 왔습니다. 남편의 고해 중에 제가 물었습니다. 자녀는 몇 명인가요? 아이들과 얼마나 함께 시간을 보내나요? 함께 놀아 주나요? 남편이 이렇게 말했습니다. '음, 아침에 일어나서 출근할 때에는 아이들이 자고 있고, 저녁에 퇴근하면 이미 잠자리에 들어 있습니다.' 아버지와 어머니가 자녀와 함께하는 것은 매우 중요합니다. 자녀와 함께 시간을 보내십시오. 아이들과 함께 놀아 주세요."

신앙의 기쁨

최선을 다해서 당신과 가장 다른 사람들을 사랑하세요. 혹시라도 도저히 그들을 이해할 수 없을 경우에도, 그들 역시 하느님 계획의 중요한 부분임을 이해하고 그들을 신앙으로 받아들여 보세요. 우리는 모두 하느님의 모상대로 창조됐고 그분의 모습을 담고 있다는 것을 기억하세요.

 교황님은 이렇게 말씀하셨어요.

"오직 하느님만이 서로 다른 것들 사이에 조화를 이루는 법을 아십니다. 하느님 사랑이 부족하면 가정은 조화를 잃어버리고 자기중심적이 되며, 기쁨은 사라집니다. 하지만 신앙의 기쁨을 체험하는 가정은 자연스럽게 주위에 그 기쁨을 전합니다. 그런 가정이야말로 세상의 소금이요 빛이고, 우리 사회의 누룩입니다."

일어나 행동할 때

주님의 목소리를 식별하기 위해서 노력하세요. 그리고 세상으로 나아가 믿음을 실천하세요!

 교황님은 이렇게 말씀하셨어요.

"하느님의 목소리를 듣게 되면, 잠에서 깨어나야 합니다. 일어나 행동해야 합니다(로마 13,11 참조). 가정에서도 우리는 일어나 행동해야 합니다! 신앙은 우리에게 세상에서 멀어질 것이 아니라, 더 깊이 세상 속으로 들어가라고 합니다. 아주 중요한 말입니다! 세상 속으로 더 깊숙이 들어가야 하지만, 반드시 기도의 힘에 의지해야 합니다. 사실 우리 모두는 이 세상에 하느님 나라를 건설하는 데 있어서 각자 특별한 역할을 맡고 있습니다."

하느님의 법

자녀는 하느님의 법을 따르세요. 그 법은 평생 당신의 앞길을 인도해 줄 것입니다. 부모와 조부모는 하느님께서 당신에게 요청하시는 일을 하세요.

 교황님은 이렇게 말씀하셨어요.

"요셉 성인과 성모님 그리고 아기 예수님, 이 세 젊은이는 하느님의 법을 지키며 살았습니다. 루카 복음사가는 총 네 차례에 걸쳐 율법의 완성에 대해서 언급했습니다. 이분들은 율법에 충실했습니다. 한편, 시메온과 한나는 조금 야단스러웠습니다. 시메온은 자기 나름의 예식과 찬가로 하느님을 찬미했습니다. 그리고 한나는 하느님께 나아와 아기 예수님에 대해 이야기하고, '그를 보라.' 하며 설교를 했습니다. 그들은 너무나 자유로웠습니다. 루카는 세 번씩이나 두 노인이 성령에 이끌렸다고 설명했습니다. 이들은 율법에 충실한 젊은이들, 그리고 성령에 이끌린 노인들입니다."

이타적인 마음

이타적인 마음을 가진 영웅적인 어머니들을 본받아 당신의 친절을 필요로 하는 이들을 도와주기 위해 노력해 보세요.

 교황님은 이렇게 말씀하셨어요.

"어머니들은 최악의 순간에도 친절과 조건 없는 헌신, 그리고 강한 희망을 잃지 않습니다. 실제로 저는 감옥에 갇히거나, 병으로 누워 있거나, 또는 마약에 중독된 자식을 둔 어머니들로부터 참으로 많은 것을 배우곤 합니다. 그분들은 춥거나 덥거나, 비가 오거나 가뭄이 들거나, 자식들에게 가장 좋은 것을 주기 위해서 끝없이 애를 씁니다. 어머니들은 난민 캠프에서도, 심지어 전쟁 중에도, 언제나 변함없이 자식들의 고통을 끌어안고 그 고통을 덜어 줍니다. 어머니들은 자식 중 누구 하나라도 그 생명의 불꽃이 꺼지지 않도록 자기 생명을 내어 줍니다."

하느님의 부성과 모성

우리가 서로를 어떻게 대하느냐에 따라 인류에 대한 하느님의 사랑이 드러납니다. 당신과는 무관하다고 생각하지 마세요! 가족에 대한 당신의 사랑이 곧 인류에 대한 하느님 사랑을 드러내 보여 주는 것입니다. 가족에게 선물이 되어 주세요!

 교황님은 이렇게 말씀하셨어요.

"교회는 어린이와 노인들을 돌봄으로써 모든 믿는 이들의 어머니가 되고, 동시에 온 인류 사회에 봉사합니다. 사랑, 친밀함 그리고 연대의 정신은 모든 이들이 하느님의 부성과 모성을 다시 발견하도록 해 주기 때문입니다."

아이와 함께하는 아버지

아버지는 자녀와 대화를 나누세요. 그들에게 숙제나 장래 희망에 대해서 물어보세요. 함께 탁자를 만들거나, 또는 낚시나 요리하는 법을 가르쳐 주세요. 무엇이든 좋습니다. 그저 함께하세요.

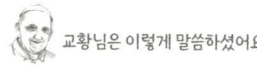 교황님은 이렇게 말씀하셨어요.

"아버지들은 아이들이 클 때 곁에 함께 있어 주어야 합니다. 아이들이 놀 때나 열심히 공부할 때, 아무 걱정이 없을 때나 실의에 빠져 있을 때, 유난히 수다스럽거나 또는 아무 말이 없을 때, 용감하고 대담할 때나 두려워할 때, 잘못된 행동을 하거나 다시 제 길을 찾았을 때, 이 모든 순간에 아버지는 아이와 함께해 주어야 합니다."

우선순위

주일은 가족과 함께 휴식을 취하는 날로 지내야 합니다! 가족과 함께할 시간을 꼭 마련해 두세요! 주일을 우리가 자유롭게 쉬는 날로 정해 두신 하느님의 뜻을 잘 헤아려야 합니다.

 교황님은 이렇게 말씀하셨어요.

"'우리가 가장 우선시해야 할 것은 무엇일까요?' 봉사 활동을 제외하고, 우리는 주일에 일을 하지 않고 쉽니다. 주일에 무엇을 해야 할지 우선순위를 매기는 기준은 경제적인 것이 아닙니다. 즉 이해타산을 따지지 않는 인간적인 것이 되어야 합니다. 거래 관계가 아니라 가족과 친구와의 관계가 우선입니다. 신자들에게는 하느님과의 관계, 공동체와의 관계가 되겠지요. 주일에 일을 하는 것이 참된 자유일까요? 놀라우신 하느님은 우리가 더 자유를 만끽하도록 기존의 틀을 깨고 우리를 놀랍게 하십니다. 그분은 자유의 하느님이십니다."

한 줌 사랑으로 일으키는 기적

부부는 서로에 대한 사랑이 불완전하다고 해도, 그 사랑만으로도 이미 충분합니다! 서로 더 사랑하게 해 달라고 예수님께 청하세요! 하느님은 한 줌의 사랑과 아주 작은 희생만으로도 큰 기적을 일으키십니다.

 교황님은 이렇게 말씀하셨어요.

"스스로 많이 부족하다고 여기는 여러 가정들이 사랑으로 살아가며 자신의 소명을 실천하고 도중에 자주 넘어지더라도 앞으로 계속 나아가는 것에 대하여 저는 하느님께 감사드립니다."

거룩함의 신비

하루 중 잠시라도 하느님을 마음속에 품고 있는 시간을 마련해 보세요. 집에서, 출퇴근길에, 또는 잠자리에 들기 전에 그분을 생각해 보세요.

 교황님은 이렇게 말씀하셨어요.

"거룩함을 우리 능력으로 얻어 낼 수 있는 것으로 생각하지 마십시오. 거룩함은 주님이신 예수님께서 우리를 당신께로 부르시고, 당신 자신으로 입히시고, 당신 자신처럼 만들어 주실 때, 그때에 우리에게 주어지는 은총입니다."

험담하지 않기

어떤 사람에 대해서 그 사람이 없을 때 흉을 보지 마세요.

 교황님은 이렇게 말씀하셨어요.

"예를 들어 한 여성이 시장에 장을 보러 가서 옆집 사람을 만났다고 합시다. 두 사람은 이런저런 이야기를 하기 시작하고 그러다가 다른 이웃에 대해서 험담을 하기 시작합니다. 그때 이 여성이 이렇게 말합니다. '아니 아니, 나는 다른 사람의 험담을 하기 싫어요.' 다른 이의 험담을 하지 않는 것은 성인이 되는 길로 한 걸음 나아가는 길입니다. 남의 험담을 하지 않으면 여러분은 좀 더 거룩해질 수 있습니다."

참기쁨의 바탕

물질적인 것은 결코 우리 마음을 만족시킬 수 없습니다. 그것은 하느님께서 원하시는 것도 아니고, 우리가 참된 행복을 찾을 수 있는 방법도 아닙니다. 기쁨은 우리가 하느님, 그리고 다른 사람들과 맺는 의미 있고 참된 관계로부터 주어지는 선물입니다.

 교황님은 이렇게 말씀하셨어요.

"친애하는 가족 여러분, 우리가 가정에서 체험하는 참된 기쁨은 피상적인 것이 아닙니다. '참기쁨'은 물질적인 것으로부터 오는 것도 아니고, 우리가 하는 일이 모두 잘 되고 있다고 해서 얻을 수 있는 것도 아닙니다. 참된 기쁨은 사람들 사이의 깊은 조화로부터 생겨납니다. 우리는 그러한 조화로운 관계를 마음으로 느낍니다. 그리고 그러한 관계는 우리의 인생 여정에서 함께함, 서로에 대한 관심과 배려가 얼마나 아름다운지 체험하게 합니다. 하지만 이러한 참기쁨의 바탕은 언제나 하느님의 현존, 우리 가정에 함께하시는 하느님, 그리고 그분의 온화하고 친절하며 정중한 사랑입니다."

좀 피곤하더라도

매일 아침과 저녁에 기도하는 습관을 들여 보세요. 부담스럽다면 다음과 같은 아주 간단한 기도부터 시작해 보세요. 매일 아침 정성을 다해서 "예수님, 오늘 하루를 당신께 바칩니다."라고 기도해 보세요. 이런 일상의 '예식'들을 함께 나눔으로써 부부는 서로에 대한 친밀감을 키워 나갈 수 있습니다!

 교황님은 이렇게 말씀하셨어요.

"하루를 마치고 나서 좀 피곤하더라도 기도를 빠뜨리지 마세요. 그렇게 기도를 하면, 우리는 또 한 걸음 더 거룩함을 향해 나아갈 것입니다."

"(일상의 예식으로는) 매일 아침을 입맞춤으로 시작하기, 매일 저녁 서로 축복하기, 상대방을 기다리고 그가 집에 들어올 때 환대하기, 함께 외출하기, 집안일 함께하기와 같은 것이 좋습니다."

특권을 맡김

부모는 할머니와 할아버지에게 아주 특별한 역할, 특히 여러분의 자녀와 관련된 특권을 부탁드려 보세요. 그러면 그분들은 자신들의 기도와 지혜를 손주에게 전해 줄 수 있을 것입니다.

 교황님은 이렇게 말씀하셨어요.

"할아버지와 할머니의 기도는 거대한 성소_{聖所}에서 끝없이 울려 퍼지는 합창과도 같습니다. 그곳에서는 청원 기도와 찬미 노래가 고달픈 인생 여정에서 고군분투하는 공동체를 든든하게 지탱해 줍니다."

자신을 용서함

부모는 아버지나 어머니로서 자신들이 저지른 잘못을 너그러이 용서해 보세요. 자녀는 부모님의 희생에 감사하는 마음을 가지세요. 그분들에게 어린 시절의 자신은 어떠했는지 이야기를 들려 달라고 부탁드려 보세요.

 교황님은 이렇게 말씀하셨어요.

"스스로 부족했음을 인정하고 잠시 잃어버린 존경, 성실, 사랑의 회복을 간절히 바란다면, 우리는 용서받을 자격이 있습니다. 그것이 '염증'을 치료하는 방법입니다. 우리가 자신을 용서하지 못한다면, 잠시 잘못됐던 시간마저 용서하지 못하게 됩니다."

"자녀를 키우는 일은 아주 힘든 일입니다. 우리가 아이였을 때, 우리의 부모도 그랬을 것입니다."

용서의 정신

만약 당신이 누군가에게 해를 끼쳤다면 용서를 청하세요. 당신의 진심을 제대로 전할 수 있도록 성령께 도움을 청해 보세요. 그러고 나서, "당신에게 상처를 주어서 미안합니다. 저를 용서해 주시겠습니까?"라고 말하세요. 상대방에게 아직 용서할 마음이 준비되어 있지 않다면 시간을 주세요. 참을성을 갖고 기다리세요.

 교황님은 이렇게 말씀하셨어요.

"용서의 정신은 성급한 판단, 어떤 화해도 거부하는 외골수, 일방적인 비난 등을 벗어나게 하여 모든 문제를 조화롭게 해결해 줍니다. 성령은 용서하고 용서받는 쌍방향의 길, 이웃 사랑으로 이어지는 하느님 자비의 길로 우리를 인도하십니다."

성모님께 청하십시오

하느님의 어머니이신 성모님께 당신 가정에 은총과 보호의 손길을 내려 달라고 청하세요. 복되신 어머니께 모든 가족들을 그분 아드님이신 예수님께 인도해 달라고 청해 보세요.

 교황님은 이렇게 말씀하셨어요.

"루치아의 설명에 따르면, 세 명의 선택받은 어린이들은 성모님께로부터 나오는 하느님의 빛에 둘러싸여 있었습니다. 성모님은 하느님이 내려 주신 빛의 장막으로 그들을 감싸 주셨습니다. 모두는 아니더라도 많은 순례자들의 믿음과 체험에 의하면 파티마 성모님의 기적은 무엇보다도 우리를 보호해 주시는 이 빛의 장막입니다. 동정 성모님의 보호하심에 우리를 맡기고, '성모 찬송 Salve Regina'이 일러 주듯이, '우리 주 예수님을 뵙게 해 주세요.'라고 청하십시오."

참을성 있는 사랑

부모는 자녀가 부정적으로 행동할 것으로 섣불리 판단하지 마세요. 결코 그들을 무시하지 마세요! 그들을 보고 경탄하세요! 아이들은 우리와 같이 놀라울 정도로 긍정적인 변화와 성숙의 능력을 갖고 있습니다. 모든 면에서 아이들의 생각과 행동은 개선될 수 있습니다.

 교황님은 이렇게 말씀하셨어요.

"인내심은 하느님의 덕입니다. 그분은 가정에서 우리가 그 덕을 어떻게 키울 수 있는지, 어떻게 사랑을 갖고 서로에게 인내심을 발휘할 수 있는지를 가르쳐 주십니다. 참고 견디는 것을 배우십시오. 참을성 있는 사랑 말입니다."

인용 출처 | 일반 인용

14쪽, 21쪽 | 성 베드로 광장에서의 희년 알현, 2016년 10월 22일.

16쪽, 123쪽 | 일반 알현, 2017년 6월 21일.

17쪽(하), 64쪽, 130쪽, 132쪽 | 성 베드로 광장에서의 일반 알현, 2015년 8월 26일.

18쪽(상), 31쪽(상), 48쪽(하), 122쪽(하), 159쪽 | 성 베드로 광장에서의 일반 알현, 2015년 3월 11일.

18쪽(하), 40쪽(하), 117쪽 | 성 베드로 광장에서의 일반 알현, 2015년 3월 4일.

20쪽, 74쪽 | 성 베드로 광장에서의 일반 알현, 2015년 5월 27일.

22쪽(상), 28쪽, 37쪽, 52쪽, 152쪽 | 바오로 6세 알현실에서의 일반 알현, 2015년 2월 4일.

22쪽(하), 44쪽, 90쪽 | 바오로 6세 알현실에서의 일반 알현, 2015년 1월 28일.

24쪽, 91쪽, 104쪽 | 일반 알현, 2015년 11월 11일.

25쪽, 35쪽, 54쪽, 55쪽, 67쪽, 115쪽 | 성 베드로 광장에서의 일반 알현, 2014년 12월 17일.

26쪽, 29쪽(상), 81쪽 | 일반 알현, 2015년 2월 11일.

29쪽(하) | 교황님의 트위터, 2016년 4월 20일.

30쪽(상), 56쪽(하), 58쪽, 59쪽(상), 59쪽(하), 72쪽(상) | 성 베드로 광장에서의 일반 알현, 2015년 2월 18일.

30쪽(하), 49쪽, 106쪽 | 성 베드로 광장에서의 일반 알현, 2015년 10월 14일.

31쪽(하), 88쪽, 114쪽, 127쪽 | 바오로 6세 알현실에서의 일반 알현, 2015년 1월 7일.

32쪽, 118쪽 | 성 베드로 광장에서의 일반 알현, 2015년 3월 18일.

33쪽, 66쪽, 77쪽, 84쪽, 98쪽, 116쪽, 131쪽(하) | 성 베드로 광장에서의 일반 알현, 2015년 5월 20일.

34쪽 | 바티칸 대성당에서의 미사 강론, 2017년 1월 1일.

39쪽 | 성 베드로 광장의 주님 세례 축일 삼종 기도, 2017년 1월 8일.

46쪽, 143쪽, 146쪽, 157쪽, 164쪽 | 성 베드로 광장에서의 가정의 날 미사 강론, 2013년 10월 27일.

47쪽, 155쪽, 156쪽, 158쪽(상) | 성 베드로 광장에서의 일반 알현, 2014년 11월 19일.

53쪽(상) | 성 베드로 광장에서의 일반 알현, 2015년 8월 12일.

57쪽(상), 63쪽(하) | 교황님의 트위터, 2016년 4월 8일.

57쪽(하) | 교황님의 트위터, 2016년 7월 31일.

60쪽 | 성 베드로 광장에서의 일반 알현, 2015년 2월 11일.

62쪽, 80쪽 | 성 베드로 광장에서의 일반 알현, 2015년 6월 10일.

63쪽(상), 101쪽, 109쪽, 134쪽, 144쪽, 147쪽 | 스리랑카-필리핀 순방 중 마닐라 방문 연설, 2015년 1월 16일.

65쪽(상) | 교황님의 트위터, 2016년 4월 15일.

65쪽(하) | 교황님의 트위터, 2016년 8월 8일.

68쪽(상) | 교황님의 트위터, 2016년 7월 30일.

68쪽(하) | 일반 알현, 2015년 11월 18일.

70쪽(상), 70쪽(하), 160쪽(하) | 쿠바-미국-UN 순방의 필라델피아 방문 연설, 2015년 9월 26일.

71쪽 | 일반 알현, 2014년 12월 17일.

72쪽(하) | 교황님의 트위터, 2016년 10월 11일.

73쪽 | 성 베드로 광장에서의 일반 알현, 2015년 5월 6일.

76쪽(상) | 교황님의 트위터, 2016년 7월 2일.

76쪽(하) | 성 베드로 광장에서의 일반 알현, 2015년 11월 11일.

82쪽, 145쪽, 148쪽, 151쪽 | 클레멘스 홀에서의 평신도평의회 연설, 2013년 10월 25일.

85쪽 | 교황님의 트위터, 2017년 1월 30일.

86쪽(상) | 교황님의 트위터, 2016년 11월 5일.

86쪽(하), 119쪽, 120쪽, 121쪽, 124쪽(하), 160쪽(상) | 성 베드로 광장에서의 일반 알현, 2015년 5월 13일.

89쪽(상) | 교황님의 트위터, 2016년 10월 26일.

92쪽 | 바오로 6세 알현실에서의 일반 알현, 2015년 8월 12일.

94쪽(하), 129쪽, 140쪽, 142쪽 | 가정들에 보내는 서한, 2014년 2월 2일.

100쪽 | 바오로 6세 알현실에서의 일반 알현, 2016년 11월 30일.

112쪽(상) | 교황님의 트위터, 2016년 7월 4일.

122쪽(상) | 교황님의 트위터, 2015년 5월 26일.

126쪽 | 에콰도르-볼리비아-파라과이 순방 귀국 기내 기자 회견, 2015년 7월 12일.

133쪽 | 성 베드로 광장에서의 일반 알현, 2015년 4월 8일.

138쪽 | 성 베드로 광장에서의 일반 알현, 2016년 10월 12일.

150쪽 | 천주의 성모 마리아 대축일 세계 평화의 날 미사 강론, 2017년 1월 1일.

153쪽 | 캄포바소 교구 사목 방문 연설, 2014년 7월 5일.

161쪽 | 바티칸 대성당에서의 성령 강림 대축일 미사 강론, 2017년 6월 4일.

162쪽 | 파티마에서의 복자 프란치스코와 복자 히야친타 시성 미사 강론, 2017년 5월 13일.

인용 출처 | 교회 문헌 「사랑의 기쁨」 인용

17쪽(상) | 「사랑의 기쁨」, 288항.

23쪽, 36쪽(상), 36쪽(하) | 「사랑의 기쁨」, 318항.

38쪽(상) | 「사랑의 기쁨」, 183항.

38쪽(하) | 「사랑의 기쁨」, 128항.

40쪽(상), 158쪽(하) | 「사랑의 기쁨」, 226항.

48쪽(상) | 「사랑의 기쁨」, 192항.

50쪽(상) | 「사랑의 기쁨」, 33항.

50쪽(하) | 「사랑의 기쁨」, 174항.

53쪽(하) | 「사랑의 기쁨」, 104항.

56쪽(상) | 「사랑의 기쁨」, 195항.

69쪽 | 「사랑의 기쁨」, 113항.

86쪽(중) | 「사랑의 기쁨」, 112항.

89쪽(하) | 「사랑의 기쁨」, 219항.

93쪽 | 「사랑의 기쁨」, 133항.

94쪽(상) | 「사랑의 기쁨」, 168항.

96쪽 | 「사랑의 기쁨」, 88항.

97쪽 | 「사랑의 기쁨」, 212항.

102쪽(상) | 「사랑의 기쁨」, 278항.

102쪽(하) | 「사랑의 기쁨」, 224항.

103쪽(상) | 「사랑의 기쁨」, 41항.

103쪽(하) | 「사랑의 기쁨」, 184항.

105쪽(상), 107쪽 | 「사랑의 기쁨」, 315항.

105쪽(하) | 「사랑의 기쁨」, 7항.

108쪽 | 「사랑의 기쁨」, 316항.

112쪽(하) | 「사랑의 기쁨」, 32항.

124쪽(상) | 「사랑의 기쁨」, 137항.

128쪽, 131쪽(상) | 「사랑의 기쁨」, 62항.

139쪽 | 「사랑의 기쁨」, 59항.

154쪽 | 「사랑의 기쁨」, 57항.